SILVIA SCHRÖER

Zuhause auf Weltreise

Gestaltet und illustriert von
Ulrike Halvax

cbj

Bildverzeichnis

Illustrationen:
Ulrike Halvax

Fotos:
S. 9 oben/13 oben/15: Adobe Stock/mehdi33300 (488780981)
S. 9 Mitte: iStockphoto/DarioGaona (1420250773)
S. 9 unten/21: iStockphoto/Marcos Elihu Castillo Ramirez (1334939773)
S. 12 Mitte: iStockphoto/grandriver (1205366549)
S. 12 unten: iStockphoto/Lokibaho (458570467)
S. 13 Mitte: iStockphoto/stockcam (475385173)
S. 13 unten: Adobe Stock/migelangel (245263523)
S. 14: Shutterstock/WitR (1026999100)
S. 18: iStockphoto/DOUGBERRY (155385279)
S. 29: iStockphoto/hadynyah (1283752450)
S. 29 unten/33 links: Adobe Stock/raquelmogado (408410650)
S. 32 links: Alamy Stock Foto/Maxime Dube (BY7WTR)
S. 32 rechts/35: iStockphoto/DanielPrudek (1260721113)
S. 33 rechts: iStockphoto/traveler1116 (157480333)
S. 33 unten/34: iStockphoto/wakila (957490788)
S. 45 oben/50: iStockphoto/Vladislav Zolotov (1128984169)
S. 45 Mitte: iStockphoto/SolStock (911029262)
S. 45 unten/57: iStockphoto/creacart (1330934447)
S. 48 oben: iStockphoto/BogdanVj (874102792)
S. 48 unten: iStockphoto/Maxian (172220889)
S. 49 oben: iStockphoto/Elenathewise (92002888)
S. 49 unten/51: iStockphoto/Ahrys Art (924509062)
S. 54: Adobe Stock/Gelia (521836452)
S. 61: iStockphoto/Lukassek (963111190)
S. 63 oben/67 unten: iStockphoto/guenterguni (970176090)
S. 63 Mitte/66 unten links: shutterstock/Storm Is Me (1303151833)
S. 63 unten/67: AdobeStock/Rafael (331974769)
S. 66 unten rechts: iStockphoto/hadynyah (1346247301)
S. 67 oben groß/70: Shutterstock/WitR (639257737)
S. 67 oben klein/69: iStockphoto/MaRabelo (932016408)
S. 68: iStockphoto/Bartosz Hadyniak (639925138)
S. 74: AdobeStock/Dave (334756305)
S. 81 oben/92: iStockphoto/Magone (492317494)
S. 81 Mitte links/84 unten klein: Alamy Stock Foto/Malcolm Fairman (j06ykg)
S. 81 Mitte rechts/85 oben groß: iStockphoto/mygtree (494291482)
S. 81 unten/84 unten groß: iStockphoto/takenobu (483534322)
S. 82: iStockphoto/Stefan Tomic (1350066778)
S. 85 oben klein: iStockphoto/sh_trail (1193891773)
S. 85 Mitte: iStockphoto/4FR (539055303)
S. 86: iStockphoto/Mordolff (654573588)
S. 88: iStockphoto/JHVEPhoto (1144362816)
S. 90 (Pokemon-Flugzeug All Nippon Airways)): iStockphoto/mu_mu_ (458710623)
S. 96 ((Sadako-Denkmal)): iStockphoto/davidf (478945876)
S. 101 oben: iStockphoto/AndreaFalletta (525038678)
S. 101 unten/105 oben: iStockphoto/simonbradfield (539027478)
S. 104 oben/107: iStockphoto/diane39 (848365182)
S. 104 unten: iStockphoto/PomInOz (470495396)
S. 105 Mitte: iStockphoto/indianoceanimagery (542209022)
S. 105 unten: iStockphoto/WhitcombeRD (1211913855)
S. 113: iStockphoto/DarioZg (539235890)
S. 115: iStockphoto/Jo Staveley (1355950775)
S. 116: iStockphoto/fpwing (483168351)
S. 117: Adobe Stock/rashmisingh (230034602)
S. 124/125: Adobe Stock/heavypong (155667610)

Bei diesem Buch wurden die durch das verwendete Material und die Produktion entstandenen CO_2-Emissionen ausgeglichen, indem der cbj Verlag ein Projekt zur Aufforstung in Brasilien unterstützt. Weitere Informationen zu dem Projekt unter: www.ClimatePartner.com/14044-1912-1001

MIX
Papier | Fördert gute Waldnutzung
FSC® C010328

Wir produzieren Klimaneutral
ClimatePartner.com/14044-1912-1001
Druckprodukt

Penguin Random House Verlagsgruppe. FSC® N001967

1. Auflage 2023

Neumarkter Str. 28, 81673 München
Idee, Konzept und Text: Silvia Schröer
Gestaltung und Illustration: Ulrike Halvax
MI • Herstellung: AJ
Druck: Alföldi Nyomda Zrt., Debrecen
ISBN 978-3-570-18062-4
Printed in Hungary

www.cbj-verlag.de

Inhalt

Für meinen Mann.
Mit dir reise ich am liebsten durch andere Länder und das Leben.

Silvia Schröer

Für meine beiden Schätze.
Schaut euch die Welt an – durch euch wurde meine noch bunter.

Ulrike Halvax

Liebe Eltern, liebe Kinder,

statt Koffer packen wir bei uns zu Hause gerne eine Reisekiste. Immer abwechselnd darf sich ein Familienmitglied ein Land wünschen und in den Ferien oder auch an einem Wochenende begeben wir uns dann auf Reise dorthin. Auf die eine Seite der Kiste kleben wir eine selbst gemalte Landesflagge. Auf die andere „Bitte" und „Danke" in der Landessprache. Denn es ist höflich, dass man zumindest diese beiden Wörter kennt, wenn man in einem anderen Land unterwegs ist. Dann bestücken wir die Kiste mit allen Büchern, die wir zum Reiseland in der Stadtbücherei finden. Außerdem legen wir Bastelaktivitäten bereit und landestypische Gesellschaftsspiele. Manchmal auch Musik-CDs und DVDs, aber meistens streamen wir Filme und Lieder. Dann bekommt die Reisekiste einen zentralen Platz im Wohnzimmer und es kann losgehen.
Wir hören nur noch Musik aus dem Land, bei dem wir zu Gast sind, schauen uns Filme über Land und Leute an und machen es uns mit Spielfilmen und Serien auf dem Sofa gemütlich. Wir essen landestypische Gerichte und basteln Souvenirs, die wir in der Wohnung verteilen. Wir veranstalten Spiele- und Themenabende wie z. B. gemeinsames Karaoke, als wären wir vor Ort unterwegs.
Kurz und gut: Wir tauchen in eine völlig andere Atmosphäre ein und entdecken unser Reiseland mit allen Sinnen.
Auch wenn dieses Buch so aufgebaut ist, dass Kinder sich allein über die darin vorgestellten Länder informieren und Ideen umsetzen können, macht es doch am meisten Spaß, wenn man seine Entdeckungen mit anderen teilt. Das Buch eignet sich hervorragend als Grundlage für eine gemeinsame Familienaktivität. Den Vorbereitungsaufwand für Eure Reise nimmt es Euch ab und Ihr könnt sofort durchstarten. Natürlich erhebt es keinen Anspruch auf Vollständigkeit. In jedem Land gibt es noch viel mehr zu entdecken, als hier an Informationen und Tipps versammelt sind. Vielleicht gefallen Euch auch ganz andere Sachen als uns. Dann lasst uns gerne an Euren Erfahrungen teilhaben. Ihr findet uns auf Instagram unter „Kinderbuchmacherin".
Auf Weltreise zu gehen war noch nie so einfach.

Viel Spaß dabei! *Silvia Schröer*

Mexiko

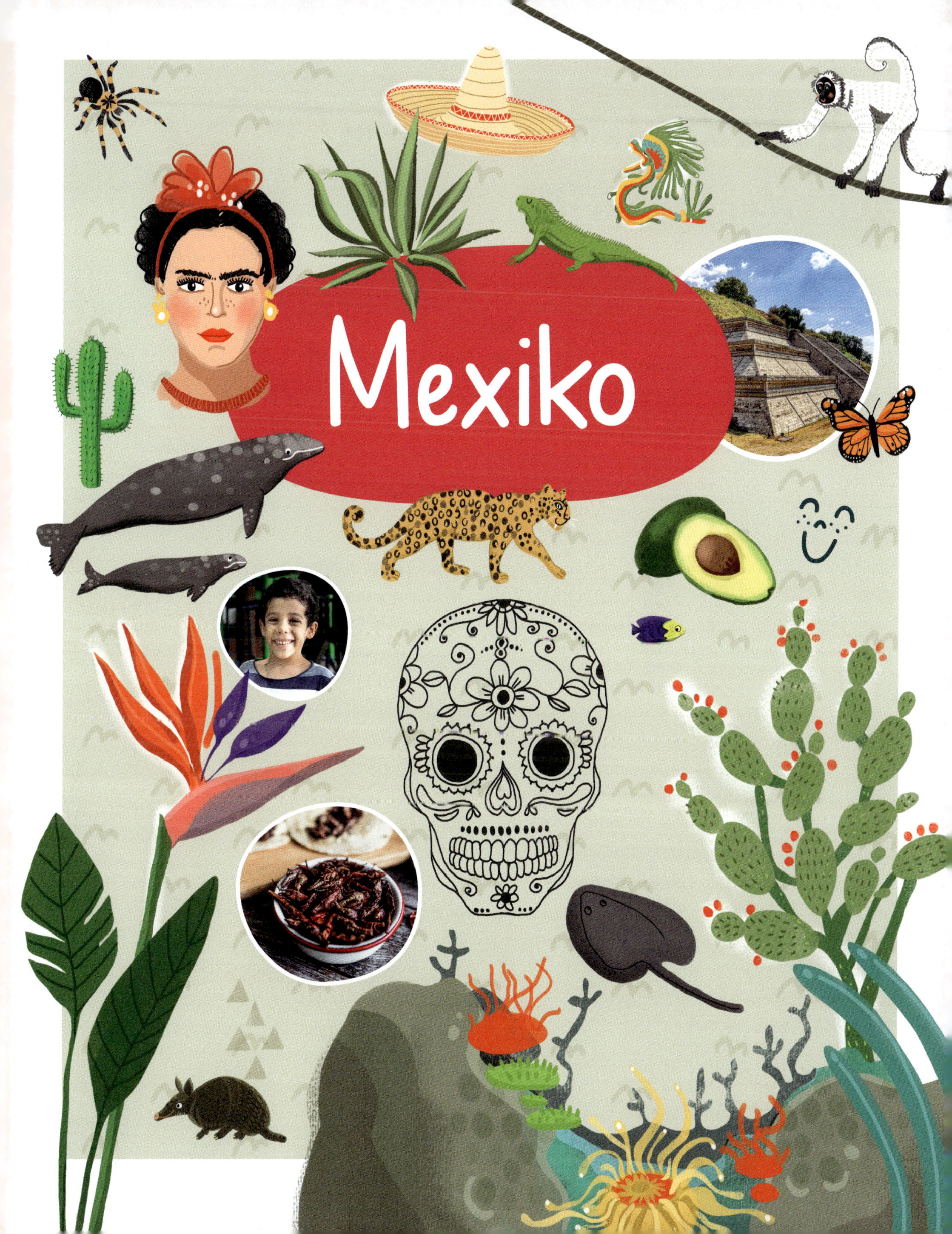

Die Legende vom Weihnachtsstern

Citali lebte mit ihrer Mutter und ihrem Vater in einem kleinen Dorf in Guerrero. Die Familie war arm. Der Vater hatte keine Arbeit, und sie lebten vom Verkauf der Stoffe, die Citalis Mutter zu Hause am Webstuhl webte.

Im Dorf stand eine Kirche. Jedes Jahr zu Weihnachten zog eine lange Prozession durch die Straßen dorthin, um die Geburt Jesu zu feiern. Alle Menschen waren festlich gekleidet und froh gestimmt. Jeder trug ein Geschenk bei sich, das er vor der Krippe niederlegte. An diesem Tag erstrahlte die Kirche in einem besonderen Glanz.

Citalis Familie hatte noch nie an der Prozession teilgenommen. Sie waren zu arm, um ein Geschenk für das Jesuskind kaufen zu können. Doch dieses Jahr war anders. Es war ein gutes Jahr. Die Mutter hatte mehr als sonst von ihren selbst gewebten Tüchern auf dem Markt verkaufen können. Seit dem Sommer legten sie Geld beiseite und malten sich aus, was sie für das Jesuskind kaufen wollten. Citali wusste schon ganz genau, was es sein sollte. Im Dorfladen hatte sie eine wunderschöne dicke, große Kerze gesehen, reich verziert mit Blumen und Gräsern in prächtigen Farben. Eine so schöne Kerze würde dem Jesuskind bestimmt gefallen. Dieses Licht wollte sie vor die Krippe stellen. Es würde am längsten und hellsten von allen leuchten.

Doch kurz vor Weihnachten wurde die Mutter krank. Der Vater brachte sie zum Arzt in die Stadt. Die Mutter brauchte Medikamente. Wie gut, dass sie Geld gespart hatten und die notwendigen Medikamente kaufen konnten. Citali war erleichtert. Der Mutter würde es schon bald wieder besser gehen.
An Heiligabend ging Citali allein zur Kirche. Sie sah der festlichen Prozession zu und bewunderte die hell erleuchtete Kirche. Ach, wenn sie doch nur etwas hätte, das sie vor der Krippe niederlegen könnte. Traurig hörte Citali dem Gesang zu, der aus der Kirche drang. Da stand plötzlich eine alte Frau neben ihr.

„Warum gehst du nicht hinein?", fragte sie Citali.
„Ich habe nichts, was ich dem Jesuskind schenken könnte", antwortete Citali beschämt.
Die alte Frau betrachtete sie eine Weile und sagte dann: „Es ist ganz egal, was du dem Jesuskind mitbringst. Es muss nur von Herzen kommen."

Sie deutete auf eine Reihe grüner Pflanzen an der Mauer zum Kirchhof. „Pflücke ein paar davon und bring sie zur Krippe."
Citali blickte zur Mauer hinüber, entdeckte aber nur Unkraut. Sie wollte die alte Frau fragen, welche Pflanzen sie meinte, aber als sie sich umdrehte, war die Alte schon wieder verschwunden.

Zögernd ging Citali zur Kirchenmauer. Sollte sie dem Jesuskind wirklich einen Strauß von diesem Unkraut bringen? Aber weit und breit war nichts anderes zu sehen, was als Geschenk infrage käme. Schließlich bückte sie sich und pflückte einen großen Arm voll von den grünen Pflanzen.
Als sie mit dem Strauß die Kirche betrat, kam es ihr vor, als würden alle sie und ihr schäbiges Geschenk anstarren. Mit gesenktem Kopf ging sie vor zum Altar und legte den Strauß vor der Krippe nieder. Sie schloss die Augen und betete.

Plötzlich ging ein Raunen durch die Kirche. Citali öffnete die Augen. Was war das? Die Pflanzen, die sie eben dem Jesuskind zum Geschenk gemacht hatte, hatten sich verfärbt. Die oberen Blätter leuchteten rot – wie ein Stern. Ein wunderschöner roter Stern. Sie strahlten heller als jede Kerze und tauchten die Krippe in ein warmes rötliches Licht.
Als die Menschen die Kirche verließen, hatten sich auch alle Pflanzen an der Kirchenmauer verfärbt und trugen an ihrer Spitze den roten Stern.
Und so ist es bis heute geblieben: Immer zu Weihnachten erstrahlen in ganz Mexiko die oberen Blätter der grünen Pflanze in leuchtendem Rot und sehen aus wie ein Stern. Diese Blätter gaben der Pflanze ihren Namen: Weihnachtsstern.

Weihnachtsstern oder Poinsettie?

1828 brachte der amerikanische Botschafter Joel Roberts Poinsett den Weihnachtsstern als Zierpflanze von Mexiko nach Amerika.
Darum wird der Weihnachtsstern auch Poinsettie genannt. Der mexikanische Brauch, zu Weihnachten einen Weihnachtsstern in die Wohnung zu stellen, hat sich inzwischen in der ganzen Welt verbreitet.

Mexiko
in Zahlen und Fakten

Um Geld dazuzuverdienen, arbeiten viele Kinder als Schuhputzer oder verkaufen chicle (dt.: Kaugummi) auf der Straße.

Mexiko liegt wie Kanada und die USA auf dem nordamerikanischen Kontinent. Es ist das drittgrößte Land Nordamerikas und belegt Platz 14 in der Rangliste der größten Länder der Welt. Man erkennt es leicht an seinem charakteristischen „Pumpenschwengel" im Westen. Das ist „Baja California" (dt: Niederkalifornien). Hier bringen Grauwale im Frühjahr ihre Jungen zur Welt. Landschaftlich hat Mexiko einiges zu bieten: Sandwüsten im Norden, Dschungel im Süden, rauchende Vulkane und tiefe Schluchten. Mexiko wurde im 16. Jh. von den Spaniern erobert. Darum spricht man hier Spanisch. Die indigene Bevölkerung und die Spanier haben sich vermischt. Ihre Nachfahren nennen sich Mestizen. Sie machen den größten Teil der Bevölkerung aus. Nur noch 10 % der mexikanischen Bevölkerung sind Indigene. Aber es gibt noch ca. 60 indigene Sprachen. Davon ist die alte Aztekensprache Nahuatl die am häufigsten gesprochene. 1,7 Millionen Menschen im Süden Mexikos sprechen sie. Mexiko ist der weltweit wichtigste Silberlieferant. Auch sonst ist das Land reich an Bodenschätzen wie Erdöl, Kupfer und Blei. Außerdem werden in Mexiko viele Autos gebaut und auch Touristen sind eine wichtige Einnahmequelle.

Wörter, die wir von der aztekischen Sprache ins Deutsche übernommen haben: Schokolade, Mais und Tomate.

Vanille kommt aus Mexiko.

Mexiko hat vier Zeitzonen: Wenn es im Osten 7 Uhr morgens ist, ist es im Westen schon 11 Uhr.

Kinder tragen Schuluniformen. Schulpflicht besteht bis zur 6. Klasse.

Es gibt keine Jahreszeiten, sondern nur eine Regen- und eine Trockenzeit.

Die kleinste Hunderasse der Welt, der Chihuahua, stammt aus Mexiko und heißt wie der gleichnamige Bundesstaat und dessen Hauptstadt.

Cholula ist die größte Pyramide der Welt.

Olmeken-Kopf

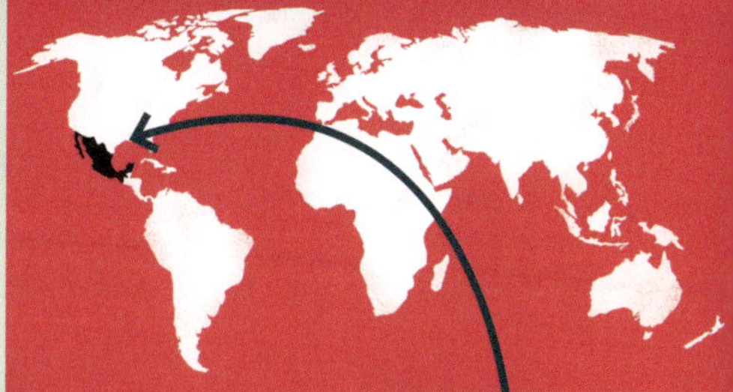

Deutschland 12 Uhr | Mexiko 5 Uhr

- **Flagge:** Der Adler auf dem Kaktus zeigte einer Legende nach den Azteken, wo sie ihre Hauptstadt Tenochtitlán gründen sollten.
- **Hauptstadt:** Mexiko-Stadt
- **Einwohnerzahl:** 129.000.000
- **Fläche:** ca. 1.964.400 km^2 (fast 6-mal größer als Deutschland)
- **Luftlinien-Entfernung zwischen Berlin und Mexiko-Stadt:** 9.727 km
- **Währung:** Peso
- **Hauptreligion:** Christentum
- **Regierungsform:** präsidentielle Bundesrepublik
- **Durchschnittliche Lebenserwartung:** 75 Jahre
- **Sprachen:** Spanisch
  hallo = hola
  bitte = por favor
  danke = gracias
  Nahuatl
  hallo = tlienon tiktschioua
  bitte = ka Dios
  danke = tlaschtlaoui

Der Citlaltépetl ist mit 5636 Metern der höchste Berg und gleichzeitig ein aktiver Vulkan.

Der fast 180 m breite Chicxulub-Krater ist schuld am Tod der Dinos. Vor 66 Millionen Jahren schlug hier ein riesiger Meteorit ein und sorgte vermutlich für ihr Aussterben.

Die Mayas haben die Netzhängematte erfunden.

Typisch
Mexiko

Tenochtitlán war die größte und beeindruckendste Stadt der Azteken. Sie lag auf einer Insel im Texcocosee. Bis zu 100.000 Menschen wohnten dort. Als die Insel zu klein wurde, bauten die Azteken schwimmende Gärten auf dem See. Nach der Eroberung durch die Spanier wurde der See trockengelegt und an dieser Stelle Mexiko-Stadt errichtet. Der sumpfige Untergrund hält der heutigen Riesen-Metropole mit über 20 Millionen Einwohnern und schweren Gebäuden allerdings nicht stand. Mexiko-Stadt versinkt im Boden. Im Durchschnitt ca. 10 cm pro Jahr.

Grenzlinie

Frida Kahlo (1907–1954) ist die bedeutendste Malerin Mexikos. Trotz aller Widrigkeiten wie Krankheit und der untergeordneten Stellung von Frauen in Mexiko zu dieser Zeit hat sie es zu Weltruhm gebracht. Ihre Bilder, viele davon Selbstporträts, sind so bunt wie Mexiko selbst.

Die **Quinceañera** (von spanisch „quince" = fünfzehn), der 15. Geburtstag, markiert traditionell den Übergang vom Mädchen zur Frau und wird besonders groß gefeiert. Die Mädchen tragen Ballkleider, es wird ihnen zu Ehren eine Messe in der Kirche abgehalten und dann ein großes Fest veranstaltet mit Geschenken, Livemusik und viel Essen. Manchmal kostet eine Quinceañera mehr als eine Hochzeitsfeier.

Die **Mayas** waren nur eine von vielen frühen Kulturen in Mexiko, aber dafür eine der am weitesten entwickelten. Sie siedelten im Süden Mexikos, hatten ihre eigene Schrift, einen Kalender und lebten in großen Stadtstaaten mit prächtigen Bauten zusammen. Sie waren nie in einem großen Reich wie die Azteken vereint. Die Kultur der Maya reicht von 200. v. Chr. bis heute. Denn auch heute noch leben Mayas im Süden Mexikos, in Guatemala und teilweise in Honduras.

Die **Azteken** haben die Ankunft der Spanier 1519 unter Hernán Cortés nicht überlebt. Im Gegensatz zu den Mayas hatten sie eine nur relativ kurze Blütezeit – nämlich zwischen dem 12. und dem 15. Jh. Dafür eroberte dieses kriegerische Volk aus dem Norden in kurzer Zeit ein Riesengebiet, das vom Golf von Mexiko bis zur Grenze des heutigen Guatemala reichte. Die Herrscher der Azteken wurden als Götter verehrt. Menschenopfer waren als Dank und zur Besänftigung der Götter keine Seltenheit.

Die **Grenze** zwischen Mexiko und den USA ist 3.145 km lang. Sie ist die am häufigsten überquerte Grenze der Welt. Besonders ärmere Mexikaner suchen besser bezahlte Arbeit in den USA. Viele davon sind ohne Aufenthaltserlaubnis dort. Die USA versuchen, die unerlaubte Einwanderung durch Grenzkontrollen und Grenzzäune zu verhindern.

Lebenslustig wie die Mexikaner

Das Leben in Mexiko ist bunt und fröhlich. Mexikaner feiern gerne. Einen Grund zu tanzen und Musik zu machen, gibt es immer. Und da das Wetter in Mexiko meistens schön ist, findet das Leben auch viel draußen statt. Man trifft sich gerne auf dem Zócalo, dem Hauptplatz der Stadt. Mexikaner leben oft noch in Großfamilien (Mutter, Vater, zwei bis fünf Kinder und Großeltern) zusammen und verreisen auch gerne gemeinsam. Kinder sind immer und überall willkommen. Die Mexikaner haben ein weiches Herz. Sie sagen nicht gerne Nein. Lieber weichen sie aus. So müssen sie niemanden direkt vor den Kopf stoßen und ersparen sich im Zweifelsfall unangenehme Diskussionen. Sie schieben unschöne Dinge auch gerne vor sich her und hoffen darauf, dass sie sich von selbst erledigen. „Mañana" (dt.: morgen, sprich: man-ja-na) hört man oft. Es bedeutet „irgendwann in der Zukunft" oder vielleicht auch „nie".

Pyramiden gibt es nicht nur in Ägypten. Auch die Mayas und Azteken waren großartige Baumeister. Allerdings errichteten sie ihre Pyramiden nicht nur als Grabstätten. Vor allem dienten sie zur Anbetung ihrer Götter. Hoch oben auf der Pyramide befand sich eine Plattform mit einem Tempel. So war man den Göttern näher. Wenn du mehr über die Mayas und ihre Pyramiden erfahren willst, findest du im Internet unter den Stichworten „Geheimnisvolle Maya" einen informativen Film.

Mexiko

lesen, sehen, hören

Lesenswerte Bücher – eine ganz persönliche Auswahl

Sachbücher

„Total genial! Frida Kahlo“ von *Isabel Munoz*
„Was ist was: Maya, Inka und Azteken“
„Maya, Inka und Azteken: Die geheimnisvollen Völker Süd- und Mittelamerikas“
in der Geolino-extra-Hör-Bibliothek

Bilderbücher

... auch für Ältere schön zum Anschauen und Lesen:
„Als die Sonne ein Kind war“
von Ámbar Past und Maruch Mendes Peres
„Der Feuerdieb“
von *Ana Paula Ojeda (deutsch/spanisch)*

Bücher ab 6

„Abenteuer im Maya-Tempel“ von *Anni Möwenthal*

Bücher ab 8

„Das magische Baumhaus: Das beste Fußballspiel aller Zeiten“ von *Mary Pope Osborne*
„Das magische Baumhaus: Der König der Maya“
von *Mary Pope Osborne*

Bücher ab 10

„Malinche – Prinzessin der Azteken“
von *Sylvia Schopf*
„Love, Sugar, Magic“ von *Anna Meriano*

Bildbände

„Abenteuer Mexiko“
von *Heiko Beyer/Markus Friedrich*
„Horizont Mexiko“ *von Maria Mill*

Die Stadtbücherei ist immer ein guter Anlaufpunkt. Dort kannst du weiter zu Mexiko stöbern und findest auch Bücher, die deine Buchhandlung nicht mehr vorrätig hat.

Sehenswerte Filme

Um Mexiko ein bisschen kennenzulernen, kannst du dir einen ersten Eindruck mithilfe eines Dokumentarfilms verschaffen. Im Internet findest du geeignete Filme unter den Stichworten „Mexikos Süden“ und „Unbekanntes Mexiko Norden“. Wenn du wissen willst, wieso es die Azteken nicht mehr gibt, schau dir den Film **„Wie kam es zum Untergang der indigenen Völker Mexikos“** von Terra X an.

Info

Den Axolotl gibt es nur in Mexiko. Er ist ein ganz besonderer Lurch und leider vom Aussterben bedroht. Wenn du mehr über ihn erfahren willst, schau dir „Anna und die Haustiere - Axolotl“ an.

Lieblings-Spielfilme

Coco – Lebendiger als das Leben!, *FSK 0, persönliche Empfehlung: ab 6*

Ab durch den Dschungel, *FSK 0*

Lieblings-Serien

Maya und die Drei, *FSK 6, persönliche Empfehlung: ab 8*

Victor und Valentino, *FSK 6, persönliche Empfehlung: ab 8*

Speedy Gonzalez – Die schnellste Maus von Mexiko, *persönliche Empfehlung: ab 6*

Hörenswerte Musik

Playlist

- Morinoki Kinderchor: Koinobori
- Una rata vieja
- Los hermanos Rincón: A la víbora de la mar
- Los Hermanos Rincón: El trenecito
- Tempus Quartet: Xochipitzahuatl
- Timbiriche: México
- Mariachi Vargas De Tecalitlán: Jarabe Tapatio
- Los Caballeros: La Adelita
- The Mariachis: La Cucaracha
- Vicente Fernández: Un Millión de Primaveras
- Angela Aguilar: La Llorona
- Julieta Venegas: Andar Conmigo
- Rodrigo y Gabriela: Tamacun
- Carla Morrison: Compartir
- Café Tacvba: Las flores
- Natalia Lafourcade: Hasta la Raíz
- Maná: En el Muelle de San Blas
- Santana: Oye Como Va

Spotify Youtube

Diese und noch ein paar mehr Lieder findest du direkt auf Spotify oder Youtube, wenn du die QR-Codes scannst.

Mariachi

sind eine Gruppe Straßenmusiker mit Gitarre, Geige und Trompete. Sie tragen große Sombrero-Hüte, Cowboystiefel und reich bestickte Jacken und Hosen. Sie spielen typisch mexikanische Volksmusik, die genauso heißt wie sie: Mariachi-Musik. Schau sie dir unbedingt mal im Internet an.

Mexikanischer Volkstanz

Der Jarabe Tapatio ist ein Volkstanz in Mexiko. Manchmal wird er auch „mexikanischer Huttanz" genannt. Die Männer tragen Sombreros und die Frauen schwingen ihre weiten Röcke. Im Internet unter **„Jarabe Tapatio"** anschauen!

Der Gummiball – eine mexikanische Erfindung

Mayas und Azteken spielten gerne Ball. Das Ballspiel gehörte teilweise zu einem religiösen Ritual. Damit der Ball auch schön dopste und bei Regen nicht aufweichte, wurde er mit einer Schicht Kautschuk überzogen, gewonnen aus dem Milchsaft der Kautschukbäume. Der erste Gummiball war erfunden!

Für große und kleine Spielkinder

Gesellschaftsspiele mit mexikanischem Flair

Cacao: *Legespiel für 2 bis 4 Spieler, Spieldauer: ca. 30 min, ab 8*

Calavera: *Würfelspiel für 2 bis 4 Spieler, Spieldauer ca. 20 min, ab 8*

Fiesta Mexicana: *Familienspiel für 2 bis 4 Spieler, Spieldauer ca. 30 min, ab 8*

Cocoyocpatolli haben schon die Kinder der Azteken gespielt. In Mexiko ist es heute noch genauso beliebt wie früher. Während die Azteken kleine Steine oder Bohnen benutzten, spielt man es heute mit Murmeln.

Und so geht's: Du gräbst eine Mulde in den Boden oder in den Sandkasten auf dem Spielplatz und ziehst zwei bis drei große Schritte von der Mulde entfernt einen Strich. Der Strich ist die Startlinie. Von hier aus wirft nun jeder seine Murmeln in die Mulde. Wer als Erster trifft, darf alle Murmeln einsammeln, die auf der Strecke geblieben sind und um die Mulde herumliegen. Dann beginnt eine neue Runde.

Lecker
Mexikanische Rezepte

Quesadillas

Tortillas sind in Mexiko Grundnahrungsmittel. Dabei handelt es sich um dünne Fladen. Normalerweise werden sie aus Mais gemacht, manchmal aber auch aus Weizen. Bei uns findet man vor allem Weizentortillas.

Du brauchst:

- **eine Tortilla (Weizen- oder Maisfladen)**
- **geriebenen Käse (z. B. Mozzarella, Gouda oder deinen Lieblingskäse)**

Und so geht's:

1) Eine Pfanne, die groß genug für deine Tortilla ist, auf dem Herd auf höchster Stufe ca. 1 Minute anheizen. Kein Fett in die Pfanne geben!
2) Herdplatte auf mittlere Temperatur herunterstellen.
3) Jetzt legst du die Tortilla in die Pfanne und wärmst sie für ca. 30 Sekunden an.
4) Mit einem Pfannenwender umdrehen.
5) Nun streust du auf eine Hälfte der Tortilla den Käse und klappst die andere Hälfte über die Käsehälfte. Du faltest deine Tortilla also in der Mitte zusammen.
6) Mit dem Pfannenwender leicht andrücken, dann schmilzt der Käse schneller.
7) Nach ca. 1 Minute wenden und auch noch mal kurz von der anderen Seite anbraten.
8) Aus der Pfanne nehmen, in „Tortenstücke" schneiden und servieren.

Tipp: Dazu passt Guacamole oder saure Sahne.

Info

In Mexiko ist man gerne scharf. Chilis dürfen daher bei keinem Essen fehlen.

Wissenswert

Trinkst du gerne Kakao? Wir verdanken ihn den Mayas und Azteken. Die Mayas bereiteten aus der Kakaobohne Getränke und Soßen zu. Außerdem verwendeten sie die Bohnen als Zahlungsmittel. Bei den Azteken war der Kakao den Adligen vorbehalten. Die Spanier brachten die Bohne dann nach Europa, wo sie zu Schokolade verarbeitet wurde.

Guacamole

Guacamole ist ein Dip aus Avocados. Das Wort „Guacamole" leitet sich aus der Sprache der Azteken ab und bedeutet so viel wie „Avocadosoße". Denn auch die Azteken haben schon vor 500 Jahren Avocado-Dips zu ihren Gerichten gereicht.

Du brauchst:

- **eine reife Avocado**
- **1 EL Naturjoghurt**
- **1 TL Zitronensaft**
- **Pfeffer**
- **Salz**

Und so geht's:

1) Halbiere die Avocado. Vorsicht: In der Mitte ist ein großer Kern. Den musst du entfernen.
2) Kratze nun mit einem Esslöffel das grüne Fruchtfleisch der Avocado heraus und gib es in eine Schüssel.
3) Mit einer Gabel zerdrückst du das Fruchtfleisch zu Mus.
4) Füge 1 EL Naturjoghurt hinzu und verrühre ihn mit der Avocado.
5) Mit Salz und Pfeffer schmeckst du deinen Dip ab.
6) Jetzt nur noch 1 TL Zitrone hinzufügen und gut umrühren. Fertig!

¡Buen provecho! – Guten Appetit!

Insektenleckerbissen

Insekten zu essen ist in Mexiko keine Mutprobe. Geröstete Heuschrecken findet man vor allem im Süden Mexikos auf jedem Markt. Sie gehörten schon bei den Mayas zur traditionellen Küche dazu. Auch Würmer und Käfer werden verspeist. Im Supermarkt kann man sie eingelegt in Dosen kaufen.

Mexikanische Souvenirs
Do it yourself

1.

Es regnet Süßigkeiten

Eine Piñata darf in Mexiko auf keinem Kindergeburtstag fehlen. Diese bunten Figuren aus Pappmaschee sind mit Süßigkeiten gefüllt. Sie werden aufgehängt und müssen dann mit einem Stock und verbundenen Augen zerschlagen werden. Hier ist eine ganz einfache Anleitung, mit der du dir selbst eine Piñata basteln kannst. Nicht nur zum Geburtstag!

Du brauchst:

- alte Zeitungen
- Mehl
- Wasser
- einen Luftballon
- eine Schüssel zum Anrühren
- einen ca. 10 cm langen Stock oder einen Bleistift
- eine lange Schnur
- Süßigkeiten zum Befüllen
- einen Pinsel und eine beliebige Farbe zum Anmalen (Plakat- oder Temperafarben eignen sich gut)
- eventuell noch eine zusätzliche Schüssel zum Unterstellen

So bastelst du eine Piñata:

6.

1. Zuerst zerreißt du die Zeitung in Schnipsel. Kurze Streifen von ca. 10 cm Länge funktionieren am besten. Aber so genau muss es nicht sein.
2. Dann pustest du den Luftballon auf und verknotest ihn.
3. Als Nächstes rührst du Mehl und Wasser in einer Schüssel an. Dafür nimmst du eine Tasse Mehl und vermischst sie mit etwas weniger als einer Tasse Wasser. Die Mischung soll nicht tropfen, sondern dickflüssig sein. Je nachdem gibst du Wasser oder Mehl hinzu, bis du die richtige Konsistenz erreicht hast. Das ist dein Kleister.
4. Jetzt schmierst du die Zeitungsstreifen mit deinem Mehl-Kleister ein und klebst die Schnipsel auf den Ballon. Das kannst du mit den Händen machen. Eine lustige Matscherei! Vergiss nicht deine Arbeitsfläche mit Zeitungspapier auszulegen, damit du später nicht so viel sauber machen musst.

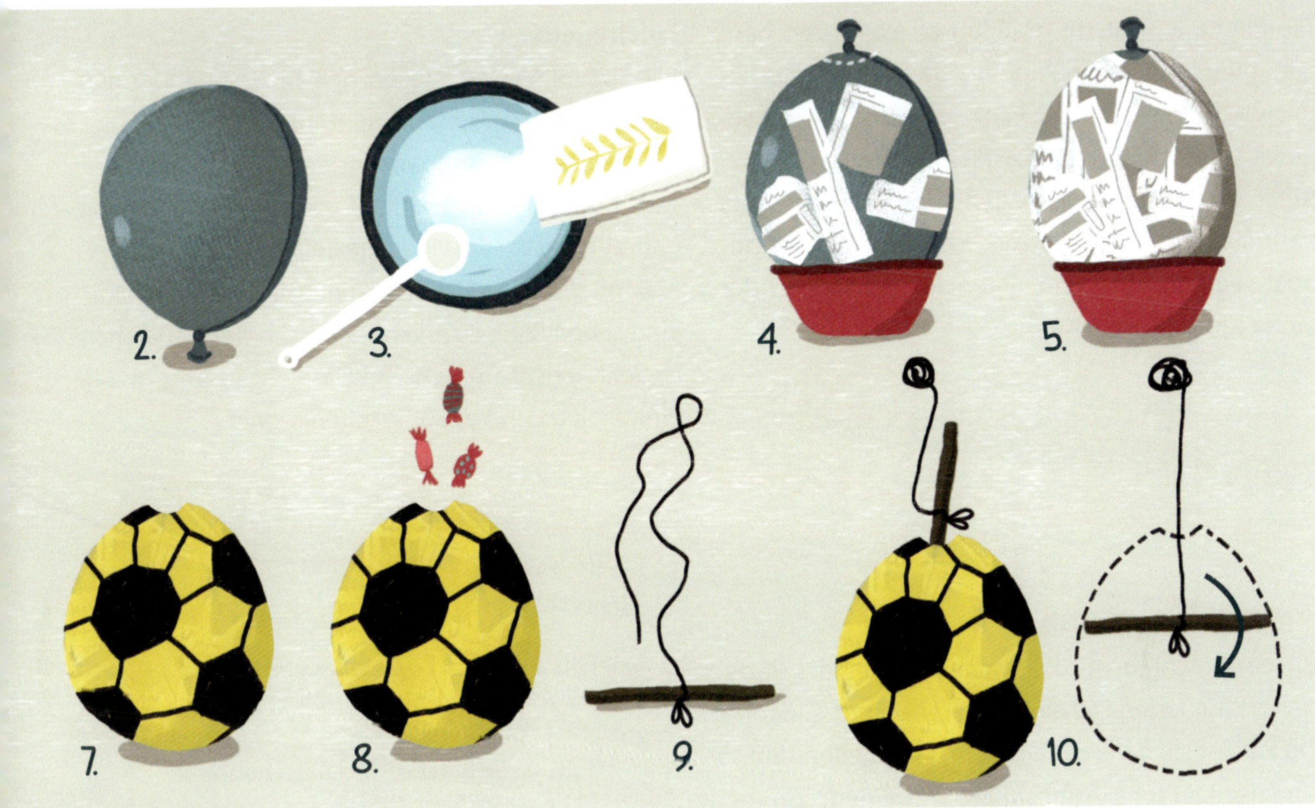

Den Luftballonknoten und ca. 1 cm darum herum lässt du frei. Zum Abstellen deines Ballons kannst du eine zweite Schüssel verwenden. Darauf kann er später auch gut trocknen.

5. Wenn der Ballon komplett beklebt ist, fängst du mit einer zweiten Schicht Zeitungspapier an. Je mehr Zeitungsschichten du aufklebst, umso härter wird deine Piñata und umso schwieriger ist es, sie zu zerschlagen. Vier bis fünf Schichten sollten es aber in jedem Fall sein.

   Jetzt muss deine Piñata trocknen, bis sie nicht mehr feucht und ausgehärtet ist. Das dauert je nach Dicke der Zeitungslagen ein bis zwei Tage.

6. Dann stichst du mit einer Schere in den Knoten, den du frei gelassen hast. Der Ballon platzt und du kannst ihn herausholen. Die Form bleibt erhalten.

7. Jetzt kannst du deine Piñata nach Belieben anmalen. Kunterbunt, mit einem Gesicht drauf oder vielleicht als Fußball? Danach noch mal trocknen lassen.

8. Fülle die Süßigkeiten oben in das Loch.

9. Such dir einen Holzstock oder einen Bleistift und binde eine feste Schnur oder Kordel daran. An dieser Schnur hängst du deine Piñata auf. Sie sollte also lang genug sein.

10. Steck den Stock oder den Stift in das Loch und lege ihn dann quer, sodass er nicht mehr herausrutschen kann.

    Jetzt nur noch mit 7 bis 8 Zeitungsstreifen, die in Kleister getunkt sind, das Loch oben schließen, trocknen lassen und fertig.

Zu den Spielregeln

Die Piñata kannst du draußen an einen Ast hängen oder an eine geeignete Stelle im Haus. Es muss aber ausreichend Platz sein, um mit einem Stock auszuholen, ohne dass du andere dabei triffst oder etwas kaputtgeht. Außer der Piñata natürlich. Die soll ja platzen. Jetzt brauchst du nur noch einen Schal und einen festen Stock oder einen Kinderbesenstiel.

Spielregeln:
Alle die mitspielen, stellen sich hintereinander auf. Auf genügend Abstand achten! Der ersten Spielerin werden die Augen mit einem Schal verbunden. Dann wird sie zweimal um ihre eigene Achse gedreht und vor die Piñata gestellt. Jetzt darf sie dreimal mit dem Stock zuschlagen. Trifft sie die Piñata? Sind schon Risse zu erkennen? Nach drei Versuchen ist der Nächste an der Reihe. Das geht so lang, bis die Piñata platzt und es Süßigkeiten regnet.

Fiesta Mexicana

Zu einer echten mexikanischen Fiesta (dt.: Party) gehört auf jeden Fall eine Scherenschnitt-Girlande. Du kannst sie ganz einfach selber herstellen und so für mexikanische Atmosphäre in deinem Zimmer oder bei euch zu Hause sorgen. Dabei gilt: Möglichst bunt soll es sein! Denn Mexiko ist bunt. Häuser, Kleider, Trachten, Gemälde, Dekorationen – mit Farben wird nicht gegeizt!

Du brauchst:

- Seidenpapier, in verschiedenen Farben
- Bleistift
- Schere
- Klebestift
- lange Schnur oder Faden, um die Girlande aufzuhängen

So bastelst du eine Scherenschnitt-Girlande:

1. Falte den großen Bogen Seidenpapier auseinander und schneide entlang der Faltlinien 6 gleich große Rechtecke aus.
2. Falte ein Seidenpapier-Rechteck einmal in der Mitte von rechts nach links.
3. Dann noch mal in die Hälfte falten, und zwar von unten nach oben. Die offene Seite zeigt nach oben.
4. Die obere rechte Ecke nach unten falten. Deine Arbeit hat die Form einer Schultüte.
5. Noch mal von oben nach unten falten, Rand auf Rand. So erhältst du eine schlankere Schultüte.
6. Zeichne an beide Ränder versetzt kleine Dreiecke. Schneide die kleinen Dreiecke aus. Schneide die Spitze deines gefalteten Dreiecks ab.
7. Jetzt faltest du das Papier wieder auf. Sieht schon sehr schön aus, oder? Wenn du magst, kannst du jetzt noch Muster in den freien Rand zaubern.
8. Dazu dein Papier wieder in der Mitte falten und den freien Rand einmal umknicken bis dorthin, wo dein Muster anfängt. Den Rand ein zweites Mal falten. Wieder Dreiecke oder Halbkreise vorzeichnen und ausschneiden.
9. Auseinanderfalten.

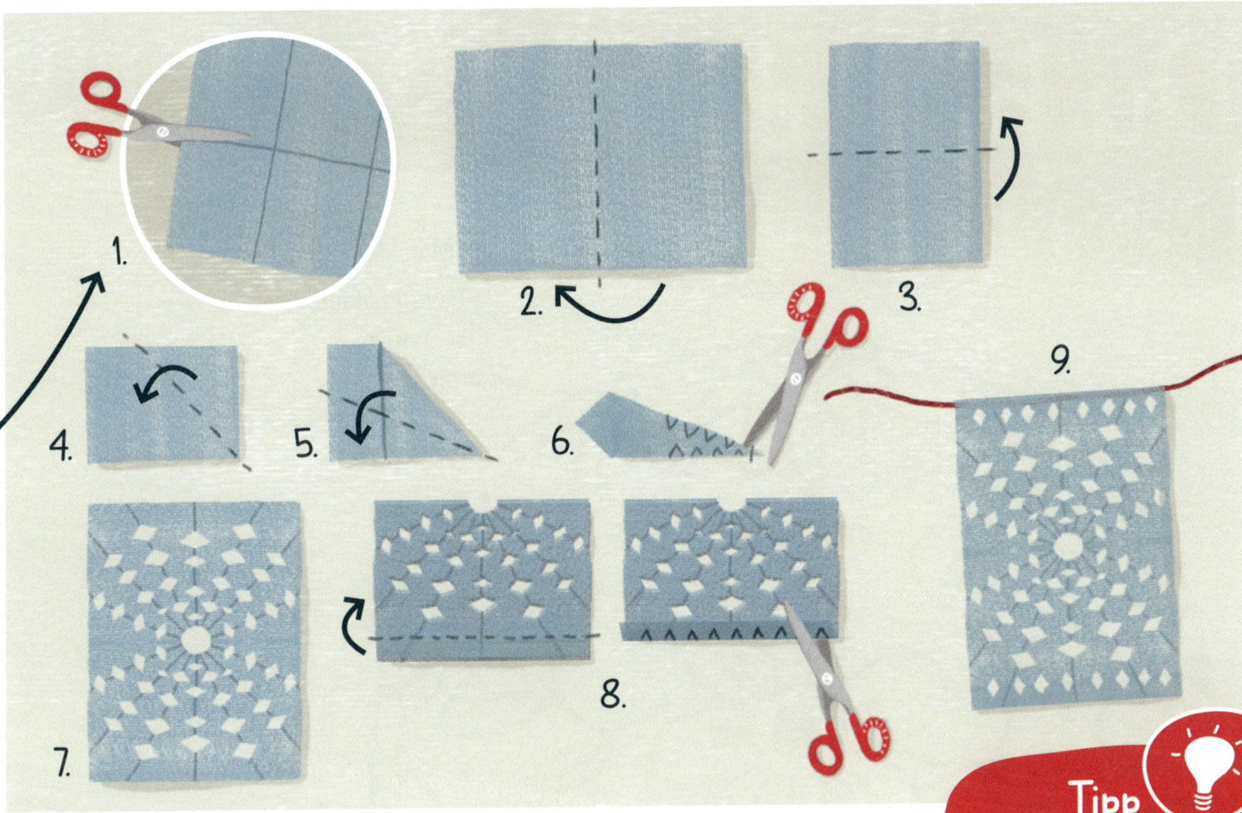

Nach diesem Prinzip fertigst du mehrere Scherenschnitle an. Probiere auch andere Muster aus. Deiner Fantasie sind dabei keine Grenzen gesetzt.

Zum Schluss nimmst du eine lange Schnur und klebst einen Scherenschnitt neben den anderen zu einer Girlande zusammen.

Dazu trägst du auf den oberen Rand deines Seidenpapiers Kleber auf, legst die Schnur an und klappst den Rand herunter. Jetzt kommt dei nächste Scherenschnitt. Und so weiter, und so weiter bis dir deine Girlande lang genug ist.

Tipp

Wenn du kein Seidenpapier zu Hause hast, kannst du auch anderes farbiges Papier nehmen, im Format DIN A4. Dann ist die Girlande nur etwas steifer und flattert nicht so schön.

Día de los Muertos

In Mexiko feiert man nicht nur das Leben, sondern auch den Tod. Am 1. und 2. November (Allerheiligen und Allerseelen) gedenkt man der Toten. Genau wie bei uns und doch ganz anders: Es geht laut, fröhlich und bunt zu. Man besucht die verstorbenen Familienmitglieder auf dem Friedhof, bringt ein Picknick mit und lässt sich neben oder auch direkt auf der Grabplatte nieder. Dann wird gemeinsam mit den Toten gefeiert und gegessen. Auch die Wohnungen werden festlich geschmückt: mit Kerzen, Blumen, Scherenschnitt-Girlanden und Schädeln. Zuckerschädeln! Jedes Kind bekommt am Día de los Muertos (dt.: Tag der Toten) einen Totenkopf aus Zuckerguss mit seinem eigenen Namen darauf geschenkt. Das soll daran erinnern, dass wir alle irgendwann sterben müssen.

Du bist dran!

Lieblingsfarbe: bunt

Male den Totenkopf nach Herzenslust kunterbunt aus:

Tipp: Kerzenglas mit Totenkopf

Totenschädel auf weißes Papier abpausen oder fotokopieren. Bunt anmalen. Mit möglichst farblosem Speiseöl (z. B. Olivenöl) einpinseln. Überschüssiges Öl vorsichtig mit einem Küchentuch abtupfen. Gut trocknen lassen. Das Bild ist jetzt transparent. Totenkopf ausschneiden und auf ein leeres Glas kleben. Kerze hineinstellen und anzünden.

Fertige einen **Scherenschnitt** wie auf Seite 25 beschrieben an. Werde kreativ.
Probiere verschiedene Muster aus und klebe hier dein schönstes Exemplar als Andenken ein.

Peru

Die Legende von Manco Cápac und Mama Ocllo

Vor langer, langer Zeit blickte der Sonnengott Inti auf die Erde herab und hatte Mitleid mit den Menschen. Sie lebten wie Wilde, ohne Gesetze und Regeln. Sie wussten nicht, wie man Nahrung anbaute oder Kleider herstellte.
Da schickte er ihnen zwei seiner Kinder: Manco Cápac und Mama Ocllo. Sie stiegen aus dem Titicacasee auf die Erde.

Inti gab seinen Kindern einen goldenen Stab und sprach: „Geht Richtung Norden. Dort sollt ihr eine Stadt gründen. Immer wenn ihr auf eurem Weg Rast macht, steckt diesen Stab in den Boden. Dort, wo er vollständig im Erdreich versinkt, lasst euch nieder."
Manco Cápac und Mama Ocllo nahmen den Stab und brachen auf. Sie liefen und liefen. Viele Tage und Nächte lang. Immer wenn sie sich ausruhten, steckten sie den goldenen Stab in den Boden. Aber die Erde war trocken und hart. Der Stab drang kaum durch die Erdkruste hindurch.
Auf ihrem Weg in den Norden überquerten sie Flüsse, liefen durch Täler und über Berge, bis sie eines Tages den Berg Huanacaure erreichten. Als sie dort, am Fuße des Berges, Rast machten und den Stab in den Boden stießen, versank er im weichen, fruchtbaren Erdreich. Die Suche hatte ein Ende. Hier wollten sie ihre Stadt gründen.

Manco Cápac und Mama Ocllo riefen die Menschen zusammen, die verstreut in der Gegend lebten. Zu den Männern sagte Manco Cápac: „Ich bin der Sohn

des Sonnengottes. Ich werde euch lehren, wie man Felder bestellt, wie man Kartoffeln und Mais anbaut. Ich werde euch zeigen, wie man Häuser baut und Kanäle für die Bewässerung der Felder."

Zu den Frauen sagte Mama Ocllo: „Ich werde euch lehren, wie man sich um Haus und Herd kümmert. Ich werde euch zeigen, wie man Wolle spinnt und daraus Kleider webt."

So gründeten sie die Stadt Cusco. Und weil Manco Cápac und Mama Ocllo weise und gerecht waren, hörten die Menschen auf sie und befolgten ihre Ratschläge. Das Reich der Inka war geboren und sollte noch Hunderte von Jahren Bestand haben.

Peru in Zahlen und Fakten

Peru liegt an der westlichen Küste auf dem südamerikanischen Kontinent. Wenn man durch Peru reist, fühlt es sich an, als würde man durch völlig verschiedene Länder reisen. Nicht nur, dass es in Peru fast alle Klimazonen der Welt gibt: von der Wüste bis zum Regenwald. Auch die Menschen leben sehr unterschiedlich. In den Tiefen des Amazonas-Regenwaldes sind indigene Völker zu Hause, die keinen Kontakt mit der Außenwelt haben. Die Großstadt Lima gleicht Großstädten, wie du sie kennst. Und in den Anden findet man kleine Dörfer ohne Strom- und Wasseranschluss. Die Anden sind die längste und außerdem die zweithöchste Gebirgskette der Welt. Sie sind 2.000 Meter höher als die Alpen. Dort oben wird die Luft ganz schön dünn und das Atmen fällt schwer. Trotzdem haben sich die Inkas schon vor 600 Jahren hier niedergelassen. Der Amazonasfluss entspringt in den Anden und fließt einmal quer durch den Kontinent auf die andere Seite bis nach Osten, wo er dann in Brasilien ins Meer mündet. Peru ist reich an Bodenschätzen und verkauft sein Gold, Silber und Kupfer in die ganze Welt.

Der **Andenkondor** ist der größte Greifvogel der Welt. Seine Flügelspannweite beträgt bis zu 3,20 m.

Die Peruaner sind sehr stolz auf ihre Unabhängigkeit. Darum muss am **28. Juli, am peruanischen Nationalfeiertag,** jeder die peruanische Flagge nach draußen hängen. Wer das nicht tut, muss Strafe zahlen.

Sofia Mulánovich hat als **erste weibliche Surferin** Lateinamerikas den Weltmeistertitel gewonnen. Sie kommt aus Peru. Einige behaupten, dass das Surfen in Peru erfunden wurde.

Karajia - Begräbnisstätte der Chachapoyas

Peruaner lieben **Meerschweinchen** - vor allem zum Abendessen. Ja, richtig gehört. Die Peruaner züchten Meerschweinchen, um sie zu essen.

Nazca-Linien

- **Flagge:** Sie zeigt ein Vikunja für den Tierreichtum Perus, einen Chinarindenbaum für die Pflanzenwelt und ein Füllhorn für die Bodenschätze.
- **Hauptstadt:** Lima
- **Einwohnerzahl:** ca. 32.000.000
- **Fläche:** 1.285.216 km² (etwa dreieinhalbmal so groß wie Deutschland)
- **Luftlinien-Entfernung zwischen Berlin und Lima:** 11.092 km
- **Währung:** 1 Sol = 100 Céntimos
- **Hauptreligion:** Christentum
- **Regierungsform:** demokratische Republik
- **Durchschnittliche Lebenserwartung:** 77 Jahre
- **Sprache:** Spanisch
  Quechua (die Sprache der Inka) und Aymara (in den Anden)

Spanisch:	**Quechua:**
hallo = hola	*hallo = ayiyanchu*
danke = gracias	*danke = pachy*
bitte = por favor	*bitte = allichu*

Typisch
Peru

Machu Picchu ist eine alte Stadt der Inkas und zählt zu den 7 Weltwundern der Neuzeit. Die Inkas haben sie im 15. Jahrhundert auf 2.430 Metern Höhe erbaut. Bis zu 1.000 Menschen lebten dort. Erst vor etwa 100 Jahren hat man sie wiederentdeckt. Schau dir unbedingt einen Dokumentarfilm im Internet dazu an (Stichworte: „Himmelreich der Inkas“ oder „Geheimnisse der Inkas“).

Das Volk der **Chachapoyas** (übersetzt: die Nebelkrieger) ist noch wenig erforscht, aber älter als die Inkas. Sie lebten in den nördlichen Anden Perus und errichteten dort eine Festung mit Hunderten von Rundhütten. Die Anlage ist noch größer und liegt noch einmal fast 1.000 Meter höher als Machu Picchu. Die Ausgrabungen beginnen erst. Wir dürfen gespannt auf die Entdeckungen warten.

Die **Kartoffel** stammt ursprünglich aus Peru – wie vieles, was als „typisch südamerikanisch" gilt. Sie wuchs wild in der Gegend des Titicacasees, bis die Menschen sich dort ansiedelten und begannen, die Knolle anzubauen. In Peru gibt es unzählige verschiedene Kartoffelsorten. Heute wird die Kartoffel fast überall auf der Welt gegessen. Während bei uns aber alle Kartoffeln fast gleich schmecken, haben sie in Peru einen ganz unterschiedlichen Geschmack.

Vögel wie der **Guano-Tölpel** und der Kormoran sorgen dafür, dass die Peruaner sozusagen Scheiße in Gold verwandeln können. Der Kot der vielen Vögel auf den Inseln vor ihrer Küste ist ein wertvoller Dünger. Etwa alle 7 Jahre „ernten“ die Peruaner ihn. Sie kratzen ihn mit Schaufel und Eimer von den Felsen. Eine harte und anstrengende Arbeit. Wenn du magst, kannst du dir einen Film im Internet dazu anschauen (Stichwort: Guano – Schatzinseln und Vogeldreck). Da der Dünger früher in alle Welt geliefert wurde und heiß begehrt war, hat man den meisten Vogeldreck inzwischen abgekratzt. Was heute geerntet wird, reicht nur noch für den heimischen Markt.

Lamas und Alpakas sind für die Peruaner, was für uns in Deutschland Pferd und Kuh sind. Lamas werden als Lasttiere benutzt und Alpakas liefern Fleisch und Milch. Und natürlich Wolle. Es gibt vier Kamelarten in Peru. Während Lamas und Alpakas gezähmt sind und als Nutztiere gehalten werden, leben ihre Vorfahren, die Vikunjas und Guanakos, weiter in freier Wildbahn. Vielleicht werden bei dir in der Nähe Alpaka-Wanderungen angeboten? Das ist eine tolle Möglichkeit, diese sanften Tiere aus den Anden besser kennenzulernen.

Die **Inkas** sind ein altes Volk, das von Cusco aus regierte. Ursprünglich bezeichnete der Name nur ihre Herrscher. Ein Inka war so etwas wie ein Kaiser. Die Inkas waren nur 300 Jahre an der Macht (von 1200 bis zur Ankunft der Spanier 1528). Aber in dieser kurzen Zeit eroberten sie weite Teile Südamerikas. Der Eroberer Francisco Pizzaro wollte ihr Gold und vernichtete die Inkas. Ihre imposanten Bau- und Kunstwerke kann man aber heute noch bewundern.

Die **Nazca-Linien** sind eines der größten Rätsel der Menschheit. Tierbilder und geometrische Figuren, die in der Wüste in den Erdboden gekratzt wurden. Sie sind riesig. Manche bis zu 20 km lang. Darum sieht man sie als Ganzes auch nur von einem Flugzeug aus. Menschen haben sie vor 1.500 Jahren angelegt. Aber warum? Das weiß man bis heute nicht so genau. Maria Reiche, eine deutsche Lehrerin, hat viele von ihnen entdeckt und freigelegt und für ihren Erhalt gekämpft.

Herzlich wie die Peruaner

Die Peruaner sind generell sehr gastfreundlich und offen - auch Ausländern gegenüber. Um jemanden zu besuchen, muss man sich nicht vorher anmelden. Man klingelt einfach an der Haustür und wird dann meistens noch genötigt, zum Essen zu bleiben. Schuhe müssen nicht an der Haustür ausgezogen werden. Die Peruaner begrüßen sich mit einem Küsschen auf die Wange. Wenn jemand in Peru fragt, wie es dir geht, will er es wirklich wissen. Es ist nicht nur eine Höflichkeitsfloskel. Peruaner nehmen sich gerne Zeit füreinander. Das Leben findet oft draußen auf der Straße statt, daher kann es in den Städten auch sehr laut zugehen: laute Autos, laute Musik, laute Menschen ... Ein großer Spaß.

Peru

lesen, sehen, hören

Lesenswerte Bücher – eine ganz persönliche Auswahl

Sachbücher

In der Reihe **„Was ist was?: Maya, Inka und Azteken“** (auch als Hörbuch)

Bücher ab 6

„Erst ich ein Stück, dann du: Die Jagd nach dem Schatz der Inka" von *Thilo*

Bücher ab 8

„Das magische Baumhaus: Das verborgene Reich der Inka“ von *Mary Pope Osborne*

Bücher ab 10

„Survival“, mehrbändige Reihe
von *Andreas Schlüter.* Bd. 5 und 6 spielen im peruanischen Regenwald.

„Die Kinder des Dschinn: Das dunkle Erbe der Inka“ von *P. B. Kerr*

Bildbände

„50 Highlights von Peru in einem Bildband“
von *Rainer Waterkamp*

Die Stadtbücherei ist immer ein guter Anlaufpunkt. Dort kannst du weiter zu Peru stöbern und findest auch Bücher, die deine Buchhandlung nicht mehr vorrätig hat.

Sehenswerte Filme

Es gibt ganz viele wunderbare Dokumentarfilme zu Peru im Internet. Unter „Grenzenlos – Die Welt entdecken – Peru“ bekommst du einen guten Überblick über das Land. Wenn du mehr über die Tierwelt dort erfahren willst, dann such am besten nach „Wildes Peru“. Wenn du sehen möchtest, wie z. B. Kinder in den Andendörfern oder im Regenwald leben, dann such nach den Stichworten „Kinder Peru“. Besonders gefallen hat uns die Reportage von Geo:

Ein Alpaka für Christobal
Daniela und Miche, zwei Kinder aus Peru

Lieblings-Spielfilme

Pachamama, *FSK 6*
Ainbo – Hüterin des Amazonas,
FSK 0, persönliche Empfehlung: ab 6
Der Delfin – Die Geschichte eines Träumers,
FSK 6, persönliche Empfehlung: ab 8
Rodencia und der Zahn der Prinzessin,
FSK 6, persönliche Empfehlung: ab 8
Dora und die goldene Stadt,
FSK 6, persönliche Empfehlung: ab 8

Lieblings-Serien

Hexe Lilli und das Abenteuer auf dem Titicacasee (auch als Hörspiel erhältlich)

Spotify Youtube

Playlist

- Leo Rojas: El condor pasa
  Simon & Garfunkel: El condor pasa
- Magdalena Fleitas: La Vicuñita
- Arroz con leche
- La Gallina Turuleca
- Manzanitas de Perú
- Vamos de Paseo
- Elver Villalva Pinedo u. a.: Soy Peruano y soy feliz
- Generacion Peru: Arpaschallay
- Daniela Darcourt u. a.: Arriba Perú
- Gian Marco: Hoy
- Isza u. a.: No me dejes de querer
- Perú Negro: Toro Mata
- Nicole Favre: Papacito
- Christian Meier: Espérame en el tren
- Mia Mont: Solita
- Renata Flores: Mariposas
- Renata Flores: Qam hina

Diese und noch ein paar mehr Lieder findest du direkt auf Spotify oder Youtube, wenn du die QR-Codes scannst.

Hörenswerte Musik

Denkst du auch gleich an eine Panflöte, wenn du Peru hörst? Flöten sind in Peru tatsächlich sehr beliebt. Aber nicht nur die Panflöte. Auch die Quena ist sehr verbreitet. Vor allem in den Anden. Sie sieht aus wie eine Blockflöte, wird aber anders gespielt

Traditionelle Tänze, wie sie die Peruaner gerne aufführen, z. B. den „danza de tjeras" oder den „danza marinera", kannst du dir im Internet anschauen.

Die Cajón

... ist eine Kistentrommel, die von afrikanischen Sklaven in Peru erfunden wurde. Während ihrer Pausen auf den Plantagen bauten sie aus Obstkisten (caja = spanisch für Kiste) Trommeln. Im Internet findest du unter „Cajon lernen für Kinder" eine Anleitung. Dafür reicht auch erst mal der Küchentisch.

So bastelst du eine Panflöte:

Du brauchst: 8 dicke Papierstrohhalme, Knete, Klebeband, Schere, Lineal.

1. Den ersten Strohhalm auf 15 cm Länge abschneiden, jeden weiteren 1 cm kürzer schneiden.
2. Die abgeschnittene Seite der Strohhalme mit Knete zustopfen.
3. Der Länge nach auf ein Klebeband legen. Dabei zwischen die einzelnen Strohhalme kleine Knetekugeln als Abstandhalter auf das Klebeband legen.
4. Mehrmals mit Klebeband umwickeln. Fertig!

Für große und kleine Spielkinder

Brett- und Kartenspiele mit peruanischem Flair

L.a.m.a: *Kartenspiel für 2 bis 6 Spieler, Spieldauer ca. 20 min, ab 8*

Die Siedler von Catan – Der Aufstieg der Inkas: *Strategiespiel für 3 bis 4 Spieler, Spieldauer: ca. 90 min, ab 10*

Ein beliebtes Spiel in Peru ist **Yas**. Dazu brauchst du: einen kleinen Ball oder Flummi und ein paar kleinere Gegenstände (z. B. Steine, kleine Figuren, Würfel). Du kannst das Spiel allein spielen oder mit Freunden.

Und so geht's:

Setz dich auf den Boden und verteile alle Gegenstände vor dir. Bei mehreren Mitspielern setzt ihr euch im Kreis um die Gegenstände herum. Nun wirfst du den Ball hoch. Während er in der Luft ist, sammelst du so viele Gegenstände auf wie möglich. Wenn der Ball den Boden berührt, ist Schluss. Wer hat die meisten Sachen einsammeln können? Wenn du allein spielst, zählst du deine Gegenstände und versuchst, beim nächsten Wurf noch mehr zu ergattern. Wer den Schwierigkeitsgrad noch steigern möchte, denkt sich etwas aus, was man tun muss, bevor man anfangen darf, die Sachen auf dem Boden einzusammeln. Zum Beispiel: zweimal in die Hände klatschen.

Lecker
Peruanische Rezepte

In Peru ist Kochen **Männersache.** Manche behaupten sogar, dass Jungen in Peru lieber Starkoch als Fußballprofi werden wollen.

Die peruanische Küche ist wegen der unterschiedlichen Klimaregionen die vielfältigste der Welt. Aber mit Quinoa, dem Getreide der Inkas, wird überall gekocht.

Quinoa-Frühstücks-Drink

Du brauchst:

- **50 g Quinoa (gekocht)**
- **450 ml Milch**
- **2 El braunen Zucker**
- **2 Äpfel, geschält und in kleine Stücke geschnitten**
- **1 Pck. Vanillinzucker**
- **2 Tl Zimt**

Und so geht's:

Als Erstes die Quinoa im Verhältnis 1:2 kochen. Also ein Teil Quinoa und dazu die doppelte Menge Wasser. Kurz aufkochen und dann auf niedrigster Stufe ca. 15 min köcheln lassen, bis die Quinoa alles Wasser aufgenommen hat.

In einem zweiten Topf die Milch mit den Äpfeln, dem Zucker, dem Vanillinzucker und dem Zimt aufkochen und etwa 10 min auf niedriger Hitze köcheln lassen. Dann 3 gehäufte EL gekochte Quinoa hinzugeben und eine Minute weiterkochen.

Alles mit dem Pürierstab oder im Mixer zerkleinern.

NASA-Nahrung

Die amerikanische Raumfahrtbehörde NASA empfiehlt Quinoa als Astronautennahrung, weil es so viel Protein enthält.

„Causa" - Kartoffel-Törtchen

Natürlich darf ein Rezept mit der peruanischen Knolle, der Kartoffel, nicht fehlen. Die „Causa rellena" ist ein typisch peruanisches Gericht. Dabei handelt es sich um Kartoffelbrei mit Füllung. Hört sich einfach an, ist aber eher kompliziert. Hier eine ganz einfache Variante:

Du brauchst:

- **4 gekochte und geschälte Kartoffeln**
- **1 kleine Schüssel „Füllung", z. B. gekochtes Gemüse**
- **2 EL Essig**
- **Mayonnaise**
- **Zitronensaft von einer Zitrone**
- **1 Tl Salz**
- **Muffinförmchen**

¡Buen provecho! - Guten Appetit!

Und so geht's:

Die Kartoffeln mit einer Gabel oder einem Kartoffelstampfer in einer Schüssel zerdrücken. 2 EL Essig, Salz und Zitronensaft hinzufügen. Alles vermengen. Kleine Bällchen aus der Masse formen. Bällchen in die Muffinförmchen legen und mit dem Daumen in der Mitte eine tiefe Mulde drücken, in die man die Füllung gibt. Obendrauf einen Klecks Mayonnaise.

Peruanische Souvenirs
Do it yourself

Das **Weben** hat in Peru eine lange Tradition. Einfache Webarbeiten kannst du auch zu Hause anfertigen.

Du brauchst:

- 4 möglichst gerade Äste oder Stöcke
- Paketschnur
- ein Stück feste Pappe
- eine Schere
- verschiedenfarbige Wollreste

So baust du einen Webrahmen:

1. Für den Webrahmen legst du zwei etwas längere Stöcke nebeneinander und zwei kürzere obendrauf, ein Rechteck.
2. Schneide vier Stücke Paketschnur ab (je ca. 1 m lang) und wickle sie fest um die Ecken, sodass du einen stabilen Rahmen erhältst.
3. Jetzt schneidest du 8, 10 oder 12 helle Wollfäden ab, etwas länger als dein Webrahmen. Sie sollten hell sein, damit sie später nicht so stark durchscheinen.
4. Diese knotest du nun erst an einem der kurzen Enden deines Webrahmens fest, dann an der gegenüberliegenden Seite.
5. Das Webschiffchen: Schneide einen langen Streifen aus der Pappe (ca. 3 cm breit und 12 cm lang). Runde ihn mit der Schere an den Ecken ab und schneide auf beiden Seiten in der Mitte einen dünnen Schlitz ein.
6. Nun wickelst du bunte Wolle von einem Schlitz zum anderen um dein Schiffchen.
7. Jetzt kannst du loslegen. Knote deinen Wollfaden am ersten Faden an deinem Webrahmen fest. Dann schiebst du dein Webschiffchen abwechselnd einmal über und einmal unter den Fäden hindurch.
8. Zwischendrin die Fäden mit den Fingern nach oben schieben. Oben und unten sollte zum Schluss aber noch etwas Platz sein.
9. Denn am Ende schneidest du die unteren hellen Fäden an der kurzen Rahmenseite ab und verknotest immer zwei miteinander.

So bastelst du Lama-Quasten:

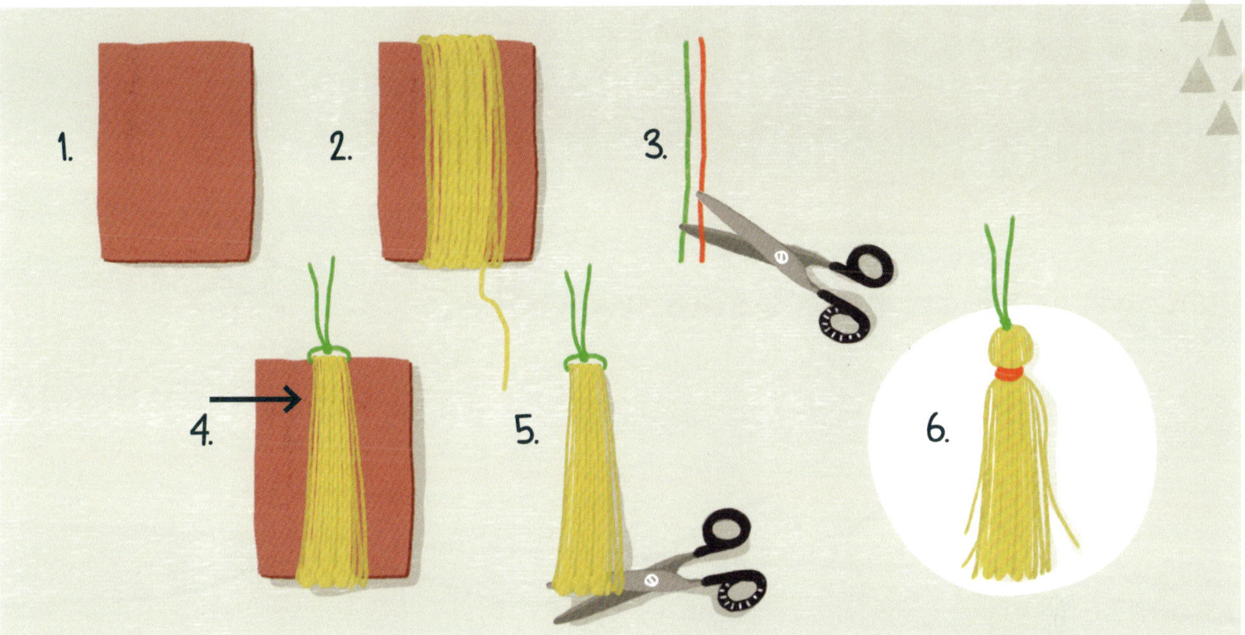

Lama-Quasten

Auf Futtersuche laufen Lamas und Alpakas frei in den Anden umher. Damit ihre Besitzer sie wiederfinden und die richtigen Tiere mit nach Hause nehmen, haben sie verschiedenfarbige Quasten an ihren Ohren befestigt.

Die Quasten sind aber nicht nur hübsch an Lama-Ohren. Sie sehen auch toll als Verzierung an deiner Schultasche oder deinem Mäppchen aus. Oder als Schlüsselanhänger. Sie sind ganz leicht anzufertigen.

Du brauchst:

- farbige Wollreste
- ein Stück Pappe
- Schere

1. Schneide dir ein Stück Pappe von etwa 10 cm Länge und 8 cm Breite zurecht.
2. Jetzt wickelst du die Wolle der Länge nach um das Stück Pappe. Je nachdem wie dick deine Wolle ist und wie dick du deine Quaste haben möchtest, etwa 15- bis 25-mal. Zum Schluss Wollfaden abschneiden.
3. Nun schneidest du noch zwei Wollfäden von ca. 10 cm Länge ab.
4. Den ersten schiebst du unter den Fäden auf der Pappe hindurch und verknotest ihn fest um die gewickelten Wollfäden herum. Jetzt kannst du die Fäden von der Pappe abziehen.
5. Halte sie an dem Extra-Faden fest und schneide sie unten auf.
6. Den zweiten Faden, den du abgeschnitten hast, knotest du nun etwa daumenbreit unter deinem „Aufhänger"-Faden einmal um dein Bündel aus Wollfäden. Fest zuziehen. Eine kleine Kugel entsteht.

Fertig ist deine Quaste. Du kannst natürlich auch verschiedene Farben verwenden und eine bunte Quaste anfertigen. Ganz nach Lust und Laune.

Du bist dran!

Mal dich glücklich

Juhu, wer hätte das in den Bergen erwartet!

Hier ist Platz für dein ganz persönliches Bild vom **Vinicunca mit 3-D-Effekt.**
Du brauchst dafür nur dicke Filzstifte in verschiedenen (Regenbogen-)Farben

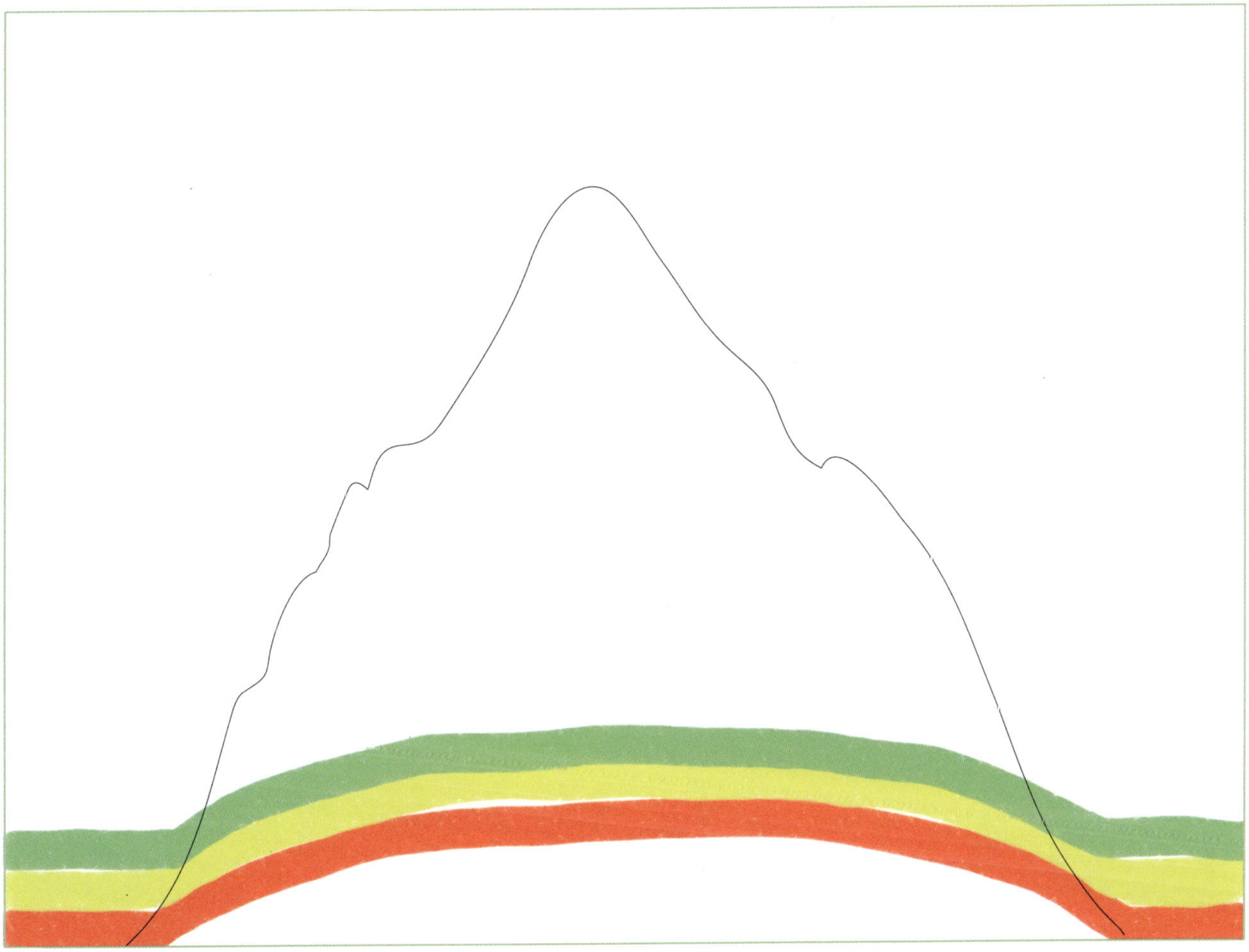

Hier kannst du einfach weitermalen.

Der Vinicunca

... ist ein Berg in den peruanischen Anden. Er ist 5.200 m hoch und ganz bunt. Darum wird er auch Regenbogen-Berg genannt. Verschiedene Mineralschichten geben ihm seine Farben.

Großbritannien

Jack
und die Bohnenranke

Vor langer Zeit lebte eine Witwe mit ihrem Sohn in einer kleinen Hütte. Sie besaßen nichts weiter als eine Kuh. Der Sohn hieß Jack und war faul und auch ein wenig einfältig. Als nichts mehr zu essen im Haus war, schickte seine Mutter ihn mit der Kuh zum Markt. Er sollte sie verkaufen.
Auf dem Weg traf Jack einen sonderbaren alten Mann. Der Alte zeigte auf die Kuh und sprach: „Guten Tag, mein Junge. Gib mir die Kuh. Im Tausch bekommst du von mir ein paar sehr wertvolle Dinge." Jack war hocherfreut, als er das hörte, und gab dem Mann bereitwillig das Tier. Wie erstaunt war er jedoch, als der alte Mann in die Tasche griff und fünf Bohnen herausholte. Jack fühlte sich betrogen, aber der Alte versicherte ihm: „Es sind Zauberbohnen."

Da rannte Jack glücklich nach Hause. Als seine Mutter jedoch sah, was er für die Kuh nach Hause gebracht hatte, warf sie die Bohnen wütend in den Garten und schickte Jack ohne Abendbrot auf sein Zimmer.
Als Jack am nächsten Morgen aufwachte, traute er seinen Augen kaum. Eine Bohnenranke wuchs vor seinem Fenster bis in den Himmel hinauf. Neugierig stieg Jack aus dem Fenster und kletterte daran empor. Immer höher und höher. Bis er zu einem riesigen Haus über den Wolken gelangte. Weil Jack hungrig war, klopfte er an. Eine Riesin öffnete ihm. „Bitte gib mir etwas zu essen", sagte Jack. Verblüfft sah die Riesin ihn an.
„Mein Mann ist ein Menschenfresser. Kinder sind seine Lieblingsspeise", sagte sie, ließ ihn aber trotzdem eintreten und gab ihm Brot und Milch.
Doch noch bevor Jack aufgegessen hatte, kam der Riese nach Hause. Schnell versteckte die Frau des Riesen ihren Besucher. Da flog auch schon die Tür auf, und der Riese rief: „Fee-fi-fo-fum! Ich rieche Menschenfleisch. Egal ob lebendig oder tot. Ich zermalm die Knochen und back daraus Brot."
„Ach, was", sprach die Frau des Riesen. „Hier ist niemand. Iss dein Abendbrot und gib Ruh'."
Als der Riese gegessen hatte, holte er drei Beutel Gold hervor und begann die Münzen zu zählen. Darüber schlief er am Tisch ein.
Flink huschte Jack aus seinem Versteck, schnappte sich einen der Beutel und kletterte die Bohnenranke wieder nach unten.

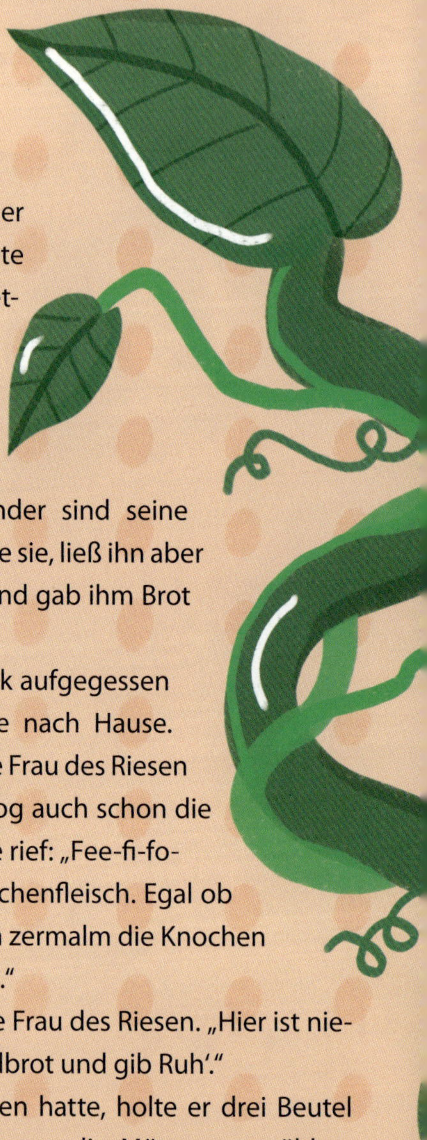

Die Freude seiner Mutter war groß, als Jack ihr den Beutel voller Gold überreichte. Doch schon nach kurzer Zeit hatten sie alles Geld ausgegeben. Jack blieb nichts anderes übrig: Wenn er nicht selbst arbeiten wollte, musste er noch mal die Bohnenranke zum Haus des Riesen emporklettern.

Der Riese war wieder nicht zu Hause. Seine Frau war zwar etwas misstrauisch, weil bei Jacks letztem Besuch ein Beutel Gold verschwunden war, ließ ihn aber trotzdem ein und gab ihm etwas zu essen. Doch kaum hatte Jack sich vor die Mahlzeit gesetzt, hörten sie die Schritte des Riesen. Schnell versteckte sich Jack und wieder schnupperte der Riese im Raum umher und rief sein „Fee-fi-fo-fum!". Doch als er niemanden fand, setzte er sich an den Tisch und befahl seiner Frau: „Hol mir die Henne, die goldene Eier legt."

Als der Riese eingeschlafen war, klemmte sich Jack die Goldhenne unter den Arm und kletterte flink mit ihr die Bohnenranke hinab. Von nun hatte alle Not ein Ende. Wann immer Jack und seine Mutter Geld brauchten, ließen sie die Henne ein Ei legen.

Eines Tages beschloss Jack, erneut die Bohnenranke ins Reich des Riesen hinaufzuklettern, um nachzusehen, welche Schätze dort noch warteten. Doch als er diesmal mit seiner Beute verschwinden wollte, wurde der Riese wach und verfolgte ihn! Ohne zu zögern, sprang der Riese auf die Bohnenranke und rutschte daran hinunter.

Jack bekam es mit der Angst zu tun. Kurz bevor er den Boden erreicht hatte, rief er: „Mutter, schnell, bring mir eine Axt."

So rasch er konnte fällte er die Bohnenranke. Gerade noch rechtzeitig. Der Riese stürzte mit der Ranke zu Boden und war tot.

Jack aber versprach seiner Mutter, dass er von nun an nie wieder etwas stehlen und stattdessen fleißig arbeiten würde. So lebten sie glücklich und zufrieden bis an ihr Lebensende. Und auch wenn Jack nun fleißig war, war es doch ein Segen, die Goldhenne zu haben – für alle Fälle.

Großbritannien
in Zahlen und Fakten

Roter Milan

Engländer haben den Tourismus erfunden. Sie sind als erstes Volk geplant und mit der ganzen Familie zur Erholung verreist.

Großbritannien ist ein Inselstaat. Der vollständige offizielle Name des Landes lautet: Vereinigtes Königreich Großbritannien und Nordirland. Das ist ziemlich lang und kompliziert. Daher hat sich „Großbritannien" als Abkürzung eingebürgert. Gebräuchlich ist auch der Begriff „England". Das ist aber nicht korrekt. England ist nur ein Teil von Großbritannien. Auch wenn es der größte Teil ist. Ca. 80 % der Bevölkerung sind Engländer. Zu Großbritannien gehören außerdem Schottland, Wales und Nordirland. Und auch noch mehrere kleinere Inseln. Aber wie nennt man nun die Einwohner des Inselstaates richtig? Am besten „Briten". Damit kann man nichts falsch machen. Auf der größeren Insel „Großbritannien" liegen Wales, Schottland und England. Nordirland liegt auf einer kleineren Insel westlich. Zwischen Großbritannien und dem europäischen Festland liegt der Ärmelkanal.

Früher gab es viele Wälder in Großbritannien, aber im Zuge der Industrialisierung wurden sie abgeholzt. Man brauchte Holz, um die Maschinen in den Fabriken zu befeuern. Großbritannien war das erste Industrieland der Welt. D. h., Waren wurden nicht mehr von Menschenhand, sondern von Maschinen hergestellt. Heute spielt die Industrie in Großbritannien aber keine so große Rolle mehr. Stattdessen ist z. B. der Finanzsektor sehr wichtig für das Land. Viele große Banken haben ihren Sitz in London.

Geburtsort des Fußballs, wie wir ihn heute kennen: 1848 stellte Cambridge die ersten Regeln auf, und 1872 wurde das erste Turnier ausgetragen.

Der Fernseher, das Telefon, das Internet, das Penizillin, der Rasenmäher und die Dampflok sind **britische Erfindungen**.

Kabeljau

Austin Mini

Autos fahren auf der linken Straßenseite und haben das Lenkrad rechts.

Das Tragen von **Schuluniformen** ist Pflicht.

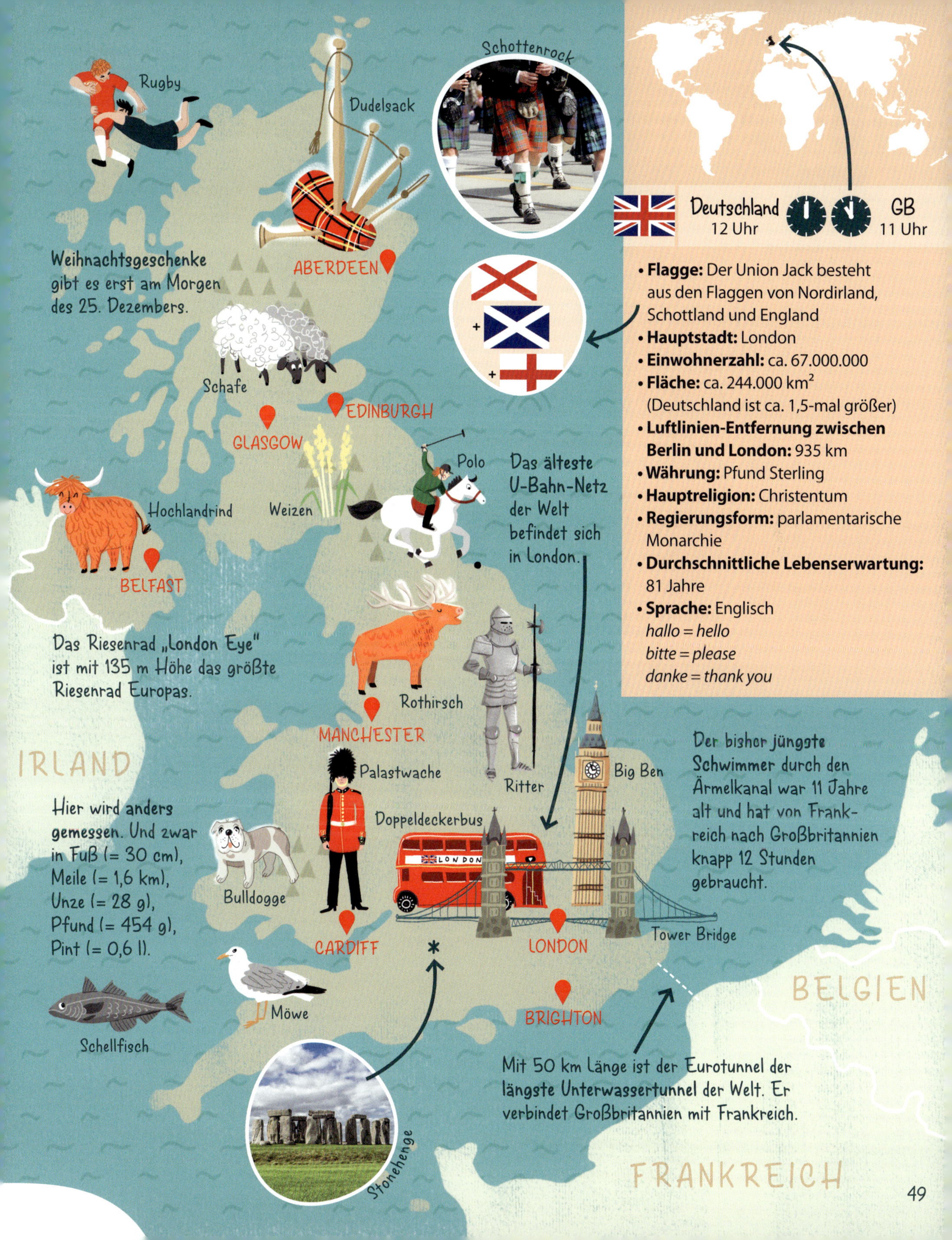

Deutschland 12 Uhr — GB 11 Uhr

- **Flagge:** Der Union Jack besteht aus den Flaggen von Nordirland, Schottland und England
- **Hauptstadt:** London
- **Einwohnerzahl:** ca. 67.000.000
- **Fläche:** ca. 244.000 km² (Deutschland ist ca. 1,5-mal größer)
- **Luftlinien-Entfernung zwischen Berlin und London:** 935 km
- **Währung:** Pfund Sterling
- **Hauptreligion:** Christentum
- **Regierungsform:** parlamentarische Monarchie
- **Durchschnittliche Lebenserwartung:** 81 Jahre
- **Sprache:** Englisch
  hallo = hello
  bitte = please
  danke = thank you

Weihnachtsgeschenke gibt es erst am Morgen des 25. Dezembers.

Das älteste U-Bahn-Netz der Welt befindet sich in London.

Das Riesenrad „London Eye" ist mit 135 m Höhe das größte Riesenrad Europas.

Der bisher jüngste Schwimmer durch den Ärmelkanal war 11 Jahre alt und hat von Frankreich nach Großbritannien knapp 12 Stunden gebraucht.

Hier wird anders gemessen. Und zwar in Fuß (= 30 cm), Meile (= 1,6 km), Unze (= 28 g), Pfund (= 454 g), Pint (= 0,6 l).

Mit 50 km Länge ist der Eurotunnel der längste Unterwassertunnel der Welt. Er verbindet Großbritannien mit Frankreich.

Typisch Großbritannien

Ritter waren im Mittelalter Vorbilder und Helden. In ganz Europa geachtet und gefürchtet. Bis heute werden ritterliche Tugenden wie Höflichkeit, Treue und Tapferkeit geschätzt. Obwohl es Ritter schon lange nicht mehr gibt. Oder? Wusstest du, dass Ritter in Großbritannien nie aus der Mode gekommen sind? Von Richard Löwenherz bis David Beckham: Noch heute werden Menschen zum Ritter geschlagen, die sich besonders um das britische Königreich verdient gemacht haben. Der Hosenbandorden ist dabei die höchste Auszeichnung. Wenn man britischer Staatsbürger ist, wird man vor dem Ritterschlag erst mal in den Adelsstand erhoben. Männer tragen dann den Titel „Sir" und Frauen heißen fortan „Dame". J.K. Rowling ist z. B. eine „Dame" für ihre Verdienste um die Literatur.

Als **Kolonialmacht** haben die Briten früher andere Länder erobert auf der Suche nach Bodenschätzen und mehr Land. Zeitweise herrschte die britische Krone über ein Viertel der Erde. Darum wird noch heute in vielen Erdteilen Englisch gesprochen, z. B. in Kanada, den USA, Australien und Südafrika. In den Kolonien wurden die Menschen oft ausgebeutet und heute sind die ehemaligen unterworfenen Staaten unabhängig. Viele haben sich aber unter der Führung Großbritanniens in einem losen Staatenbund zusammengeschlossen, dem Commonwealth of Nations.

Der **Tower of London** hat in seiner über 900-jährigen Geschichte schon viel gesehen. Er war Königssitz, Gefängnis, Hinrichtungsplatz, zwischendurch mal Zoo und heute ist er Museum und Schatzkammer. Im Tower werden die königlichen Kronjuwelen aufbewahrt. Die 37 Wachen passen aber nicht nur auf die britische Königskrone auf, sondern auch auf sechs Raben. Laut einer uralten Legende soll der Tower - und mit ihm das britische Königreich - fallen, wenn die Raben verschwinden. Damit das nicht passiert, hat man den Raben die Flügel gestutzt, sodass sie nicht wegfliegen können, und ihnen einen eigenen Rabenmeister zur Seite gestellt, der sie gut versorgt.

Stonehenge ist ein Steinkreis in Südengland, der zwischen 3.000 und 2.000 v. Chr. errichtet wurde. Die riesigen bis zu 6 Meter hohen Steinblöcke wurden damals aus Wales herbeigeschafft und über 200 km transportiert. Eine unglaubliche Leistung! Bis heute weiß man nicht genau, wozu der Steinkreis diente.

Geduldig wie die Briten

Wenn Briten sich begrüßen, wirkt das immer ein bisschen steif. Umarmungen sind nicht üblich. Die Begrüßungsformel „How are you?" (dt.: Wie geht es dir/Ihnen?) ist nichts weiter als eine Formel. Eine ehrliche Antwort wird darauf nicht erwartet, sondern nur ein „Fine, thanks" (dt.: Danke, gut.) Überhaupt spricht man in Großbritannien nicht gerne über private Dinge - darunter fallen auch Politik und Religion -, wenn man sich nicht gut kennt. Und zwar aus Rücksicht: Man möchte dem anderen nicht zu nahe treten. Darum reden die Briten so gerne übers Wetter. Das ist ein unverfängliches und für jede Gelegenheit geeignetes Thema. Eine andere eiserne Regel in Großbritannien lautet: Hinten anstellen! Vorgedrängelt wird nicht. Die Briten stellen sich immer und überall geduldig an und warten, bis sie an der Reihe sind. Neben ihrer Geduld zeichnet die Briten auch ihre Höflichkeit und Selbstdisziplin aus. Ihre eigenen Leistungen spielen sie dabei gern herunter. Diese Haltung nennt man „Understatement" (dt.: Untertreibung). Und sie ist „very british".

Ein **König** als Staatsoberhaupt: König Charles III. trägt seit 2022 die britische Krone. Regiert wird das Land aber von einem Premierminister oder einer Premierministerin und Gesetze erlässt das Parlament. So ähnlich wie unser Bundespräsident hat der König die Aufgabe, das Land nach außen zu vertreten. Vor König Charles III. war Queen Elizabeth II. 70 Jahre lang im Amt. Eine sehr lange Zeit. Die Queen war sehr beliebt.

Nordirland ist der einzige Landesteil, der an ein anderes Land grenzt - nämlich an die Republik Irland. Als Irland seine Unabhängigkeit von Großbritannien erklärte, verblieb der nördliche Teil der Insel im Vereinigten Königreich. Die Insel Irland ist also zweigeteilt. Die Länder sind durch eine Grenze voneinander getrennt. So wie früher Deutschland zweigeteilt war. Allerdings ist die Grenze offen und frei passierbar.

Großbritannien

lesen, sehen, hören

Lesenswerte Bücher – eine ganz persönliche Auswahl

Sachbücher

„Newton und der Apfel der Erkenntnis" von *Luca Novelli*

„Stephen Hawking und das Geheimnis der Schwarzen Löcher" von *Luca Novelli*

Bücher ab 6

„König Artus und die Ritter der Tafelrunde" neu erzählt von *Katharina Neuschaefer*

„Wind in den Weiden" von *Kenneth Grahame*

Bücher ab 8

„Fünf Freunde" von *Enid Blyton*

„Sherlock Holmes, der Meisterdetektiv" von *Sir Arthur Conan Doyle* und *Oliver Pautsch*

„Ich bin Joy" von *Jenny Valentine*

„Der Junge aus der letzten Reihe" von *Onjali Q. Raúf*

Bücher ab 10

„Oliver Twist" von *Charles Dickens*

„Matilda" von *Roald Dahl*

„Gangsta Oma" von *David Walliams*

„Wie man seine Eltern erzieht" von *Pete Johnson*

„Harry Potter" von *J. K. Rowling*

Harry Potter

... ist mit weltweit 500 Millionen verkauften Büchern die am meisten gelesene Buchreihe aller Zeiten. Auch die Potter-Filme haben diverse Einspiel-Rekorde gebrochen. In den USA wurde ein Harry-Potter-Freizeitpark eröffnet, und wer die „echte" Winkelgasse besuchen will, ist bei den Warner Bros. Filmstudios in der Nähe von London genau richtig. Dort kann man durch die Filmkulissen der Potter-Filme wandern.

Graphic Novel

„Richard Löwenherz" von *Rudolf Schuppler*

Bildbände

Von *Dumont* und *Merian* gibt es Hefte zu „London" und „Südengland" mit vielen Fotos. Außerdem empfehlenswert: **Das Englandbuch: Highlights eines faszinierenden Landes**

Die Stadtbücherei ist immer ein guter Anlaufpunkt. Dort kannst du weiter zu Großbritannien stöbern und findest auch Bücher, die deine Buchhandlung nicht mehr vorrätig hat.

Sehenswerte Filme

Um dich über das Land zu informieren, kannst du im Internet eine Dokumentation über Großbritannien anschauen. Suche z. B. nach den Stichworten „Die Welt entdecken Großbritannien". Sehr informativ ist auch eine Doku über die Queen (Stichworte: Doku Elizabeth II.).

Paddington

Jedes Kind in Großbritannien kennt Paddington, den Bären, der aus dem tiefsten Peru kam und den sein Erschaffer Michael Bond nach der Londoner U-Bahn-Station Paddington benannt hat.

Lieblings-Spielfilme

Paddington, *FSK 0*
Charlie und die Schokoladenfabrik, *FSK 0*
Mary Poppins, *FSK 0*
Wir kaufen einen Zoo, *FSK 0, persönliche Empfehlung: ab 6*
Der geheime Garten, *FSK 6*
Der kleine Lord, *FSK 0, persönliche Empfehlung: ab 6*
Peter Pan (Disney), *FSK 0*
Royal Corgie: Der Liebling der Queen, *FSK 0*
Sherlock Gnomes, *FSK 0, persönliche Empfehlung: ab 6*

Britischer Humor

Britischer Humor ist sehr speziell. Oft wird er auch als „schwarzer Humor" bezeichnet. „Schwarzer Humor" ist, wenn man sich über etwas lustig macht, das eigentlich gar nicht lustig ist. Oft sind es ernste Themen wie der Tod.

Auch der Begriff „Ironie" fällt oft, wenn es um die Briten und ihren Humor geht. Ironie bedeutet, dass man etwas sagt, aber eigentlich das Gegenteil meint. Durch den Tonfall oder kleine Anspielungen lässt man den anderen spüren, dass man einen Scherz macht.

Andrew Lloyd Webber

... ist einer der bekanntesten Musical-Komponisten weltweit. Ein Musical ist ein Theaterstück, bei dem auch getanzt und gesungen wird.

Musicals

Cats, *FSK 0*
Das Phantom der Oper, *FSK 6*

Serie

Robin Hood, *FSK 0*
Feuerwehrmann Sam, *FSK 0*

Typischen britischen Humor kannst du dir hier anschauen:

Mr. Bean: Die Cartoon-Serie, *FSK 6*
Mr. Bean macht Ferien, *FSK 6*
Shaun, das Schaf (Serie), *FSK 0*
Johnny English, *FSK 6, persönliche Empfehlung: ab 8*

Der Dudelsack

... wird meistens mit Schottland in Verbindung gebracht. Er ist aber gar nicht schottisch, sondern kommt aus dem Orient. Die Schotten haben früher Kriegsmärsche darauf gespielt und seitdem gehört das Instrument zur schottischen Tradition. Schau dir unter den Stichworten „Pipe parade" unbedingt eine Parade im Internet an. „Backpipe" ist das englische Wort für Dudelsack.

Hörenswerte Musik

Playlist

- Auld lang syne (Dudelsack)
- The grand old duke of york
- Old McDonald had a farm
- London bridge is falling down
- Twinkle, twinkle little star
- The muffin man
- Beatles: Yellow Submarine
- Rolling Stones: Jumping Jack Flash
- Pink Floyd: Another brick in the wall
- Queen: We will rock you
- The clash: Should I stay or should I go
- Elton John: Circle of life
- Ed Sheeran: Bad habits
- Adele: Easy on me
- One direction: Night changes
- Coldplay: My universe
- Harry Styles: As it was

Spotify Youtube

Diese und noch ein paar mehr Lieder findest du direkt auf Spotify oder Youtube, wenn du die QR-Codes scannst.

Für große und kleine Spielkinder

Brett- und Kartenspiele mit britischem Flair

Scotland Yard: *Brettspiel für 3 bis 6 Spieler, Spieldauer: ca. 45 min, ab 8*

Nottingham: *Kartenspiel für 3 bis 7 Spieler, Spieldauer: ca. 30 min, ab 8*

Fish & Ships: *Kartenspiel für 2 bis 4 Spieler, Spieldauer: ca. 15 min, ab 6*

Woodlands: *Legespiel für 2 bis 4 Spieler, Spieldauer: ca. 30 min, ab 10*

Spiele für draußen

Kricket

Geschicklichkeitsspiel

Darts

Baumstammweitwurf

... Fassrollen und Steineschleppen sind nur einige der Disziplinen bei den schottischen Highland Games. Die Wettkämpfe werden jedes Jahr in Schottland ausgetragen und sind eine Mischung aus schottischer Olympiade und Volksfest. Unter den Stichworten „Highland Games" kannst du dir die ausgefallenen Disziplinen im Internet anschauen.

Pub-Quiz

In britischen Kneipen (engl. Pub) werden gerne Fragen-und-Antwort-Spiele (engl. Quiz) gespielt. Vielleicht hast du Lust einen britischen „Pub-Quiz-Abend" mit deiner Familie zu veranstalten? Die Spielregeln sind ganz einfach:

Es gibt einen Spielleiter und zwei (oder auch mehr) Teams, die gegeneinander spielen. Der Spielleiter stellt Fragen, die jedes Team auf einem weißen Blatt Papier beantworten soll. Diskussionen im Team sind erwünscht! Zum Schluss werden alle Blätter beim Spielleiter abgegeben, der die Auswertung übernimmt. Für jede richtig beantwortete Frage gibt es 5, für jede teilweise richtig beantwortete Frage 2 Punkte. Das Team mit den meisten Punkten hat gewonnen.

Die Fragen kannst du dir selbst ausdenken.

Jetzt musst du nur noch ein paar Knabbereien und Getränke bereitstellen und schon kann es losgehen. Viel Spaß!

Lecker
Britische Rezepte

Scones

Du brauchst:

- **225 g Mehl**
- **1 Prise Salz**
- **1 EL Backpulver**
- **75 g Butter, zimmerwarm**
- **40 g Zucker**
- **1 Ei**
- **2–3 EL Buttermilch**
- **Backpapier**
- **Backblech**

Und so geht's:

1) Mehl, Backpulver, Salz in einer Schüssel mischen.
2) Zucker und Butter in Flöckchen dazugeben und so lange kneten, bis das Ganze aussieht wie Streusel.
3) Das Ei in einer anderen Schüssel leicht schlagen und 2 EL Buttermilch hinzugeben.
4) Zum Rest dazugeben und so lange mit den Händen kneten, bis der Teig zu einem Klumpen wird.
5) Wenn der Teig zu trocken ist, gib mehr Buttermilch hinzu. Wenn er zu klebrig ist, noch etwas Mehl. Zum Schluss sollte er weich sein, aber nicht kleben.
6) Roll den Teig auf einer bemehlten Arbeitsfläche zu einer sehr dicken Wurst.

7) Schneide nun ca. 2 bis 3 cm dicke Stücke von der Rolle ab und lege sie auf das Backblech. Genügend Abstand zwischen den einzelnen „Brötchen" lassen und das Backpapier nicht vergessen!
8) Im vorgeheizten Ofen bei 220 °C Ober- und Unterhitze 10 bis 12 Minuten backen. Bis sich die Scones goldbraun verfärben.
9) Herausholen, kurz abkühlen lassen und am besten noch warm mit Butter und Marmelade essen.

Info

In Großbritannien werden die Scones traditionell mit „clotted cream" und Marmelade bestrichen. Clotted Cream ist ein dicker, cremiger Aufstrich aus erhitzter Sahne.

Es gibt alle möglichen Arten von Sandwiches, aber das wohl britischste ist das ...

Gurken-Sandwich

Dafür brauchst du:

- **Vollkorntoast**
- **Gurken**
- **Salz**
- **Butter**

Los geht's

Und so wird das Gurken-Sandwich perfekt:

1) Die Gurken schälen und dann in ganz dünne Scheiben schneiden.
2) In ein Sieb über der Spüle legen (oder einen Topf unter das Sieb stellen) und mit Salz bestreuen. Das Salz entzieht den Gurken Wasser, damit sie das Brot nicht zu sehr durchweichen. Nach ca. 20 Minuten überschüssiges Wasser abgießen.
3) Eine Vollkorntoastscheibe (ungetoastet!) mit Butter bestreichen und salzen.
4) Die Gurkenscheiben in zwei Schichten auf dem Toastbrot verteilen.
5) Eine zweite Toastscheibe oben drauflegen und einmal diagonal durchschneiden, sodass zwei Dreiecke entstehen.
6) Möglichst bald essen. Die Sandwiches werden schnell trocken.

Die Geschichte des Sandwiches

Es heißt, der Graf von Sandwich war hungrig, als er am Spieltisch saß und mit seinen Freunden Karten spielte. Er bat darum, ihm eine Scheibe kalten Braten zu bringen, und um seine Finger (und seine Karten) nicht fettig zu machen, wollte er den Braten zwischen zwei Scheiben Brot serviert haben. Die anderen Spieler wollten sogleich „dasselbe wie Sandwich" und so war das Sandwich erfunden.

English Breakfast - Frühstücken wie die Engländer

Das English Breakfast gleicht einer Hauptmahlzeit – nur am frühen Morgen. Es gibt **Spiegelei, Bratwurst, eingelegte weiße Bohnen, Pilze, gebratenen Speck und gegrillte Tomaten.**

Fish & Chips

Das sind frittierter Fisch und Pommes. Immer ein bisschen verwirrend. Denn wenn die Briten „Chips" sagen, sind das Pommes. Fish & Chips ist das Lieblingsessen der Briten. Der Fisch wird dabei traditionell in Bierteig frittiert.

Britische Souvenirs
Do it yourself

Loch Ness ist eine Sehenswürdigkeit in Schottland und einer von über 40.000 Seen in Großbritannien. „Loch" ist das schottische Wort für „See". Berühmtheit erlangte der See wegen seines Monsters – oder zumindest wegen der Geschichten, die man sich darüber erzählt. Denn wirklich mit eigenen Augen gesehen hat „Nessie" noch niemand. Auch wenn es einige verwackelte Fotos gibt, die das Seeungeheuer zeigen sollen. Forscher haben den See mit modernster Technik abgesucht. Erfolglos. Jetzt haben sich Genetiker, also Forscher, die das Erbgut untersuchen, an die Arbeit gemacht und den See durchkämmt. Das Ergebnis: keine Spur von einem Monster oder einem Tier aus der Urzeit. Man geht davon aus, dass es sich bei den „Nessie"-Sichtungen um besonders große Aale handelt, die dicht an der Wasseroberfläche schwimmen. Trotzdem gibt es Menschen, die nicht aufgeben und weiter nach dem Seeungeheuer Ausschau halten.

Nessie in Sicht

Du brauchst nicht bis zum nächsten Urlaub zu warten, um einen Blick auf Nessie zu erhaschen. Ein Fensterbild versetzt dich mitten hinein ins mystische Schottland.

Du brauchst:

- grüne und schwarze Fingerfarbe
- Pappteller
- einen möglichst großen bzw. dicken Pinsel
- eventuell Malerkrepp, um den Fensterrahmen abzukleben
- eventuell einen grünen Fenstermalstift

Vorbereitung

Du kannst den inneren Rahmen deines Fensters mit Malerkrepp abkleben, um Farbkleckse zu vermeiden. Das Malerkrepp lässt sich ganz leicht abziehen, wenn dein Fensterbild getrocknet ist. Danebengegangene Fingerfarbe lässt sich aber auch mit einem feuchten Tuch abwischen.

1. Zuerst malst du die Umrisse von Nessie an dein Fenster. Das geht super mit einem Fenstermalstift. Du kannst aber auch deinen Finger oder einen Pinsel zum Vorzeichnen nehmen. Eine Idee, wie Nessie aussehen könnte, findest du hier. Aber vielleicht sieht das Seeungeheuer auch ganz anders aus? Wie stellst du dir es vor?
2. Als Nächstes gibst du einen großzügigen Klecks grüner Farbe auf deinen Pappteller.
3. Mit dem Pinsel oder deinen Fingern malst du jetzt die Innenfläche deines Seeungeheuers aus. Dabei lässt du am Kopf eine kreisrunde Fläche für das Auge frei.
4. Zum Schluss kannst du das Auge noch schwarz ausmalen. Und Schuppen auf Nessies Körper hinzufügen. Vielleicht hat Nessie auch Drachenzacken. Oder sie ist ein Mädchen mit langen Wimpern? Oder ...

Teatime

Eingeführt haben soll sie die Duchess of Bedford. Und zwar aus Hunger. Denn die Zeit, die am Hofe zwischen Mittagessen (lunch) und Abendessen (supper) verging, konnte unter Umständen sehr lang werden. Man unterscheidet im Allgemeinen zwischen:

Cream Tea = *Tee mit Scones, Clotted Cream und Marmelade.* **Afternoon Tea** = *Tee mit Scones und Sandwiches;* „Cream Tea" kann dabei ein Teil vom „Afternoon Tea" sein. **High Tea** = *frühes Abendessen mit Tee, Sandwiches, Scones und einem warmen Gericht.* Zur Teatime wird ein Schwarztee aufgebrüht und mit einem Schuss Milch serviert.

Bastele eine Einladung zum Tee und lade deine Nachbarn, Freunde oder Familie ein. Die passenden Rezepte für die Teatime findest du hier im Buch.

Du brauchst:

- buntes Papier, DIN A4, am besten auf einer Seite weiß
- Schere
- dünne Schnur
- Papierrest (andere Farbe als das große Papier)
- Klebeband (durchsichtig oder ein Wasabi-Tape)

1. Falte dein Blatt einmal in der Mitte. Wenn es eine weiße Seite hat, dann sollte diese innen liegen.
2. Lege das Blatt nun mit der geschlossenen Seite nach unten vor dich. Male die Umrisse einer Teekanne darauf. Der Boden setzt dabei auf der Falz auf, dem unteren Rand deines gefalteten Blattes. Du kannst die Teekanne auch von dieser Seite abpausen oder abfotokopieren und dann auf dein Blatt übertragen.
3. Vorsichtig ausschneiden. Achte dabei darauf, dass du den „Teekannenboden" nicht durchtrennst.
4. Deine Klappkarte ist fertig. Wenn du magst, kannst du sie noch ein bisschen verzieren, z. B. mit einem kleinen Anhänger in Form eines Teebeutels.

Jetzt nur noch deinen Einladungstext innen in die Karte schreiben und Freunde einladen.

Info

Die Teekannen-Vorlage kannst du auch für andere Deko-Ideen verwenden. Wie wäre es mit einer Girlande oder Aufsteller für den Tisch?

Du bist dran!
Karos und Kauderwelsch

Schottische Männer tragen mit Stolz Röcke – und zwar Wickelröcke mit Karomuster: die Kilts. Meistens werden sie zu feierlichen Anlässen wie den Highland Games getragen. Während die Muster auf den Röcken zu Beginn keine weitere Bedeutung hatten, kann man seit dem 19. Jh. die Clan-Zugehörigkeit daran ablesen. In Schottland waren die Menschen früher in einzelnen Stammesgruppen, den Clans, organisiert.

Hier kannst du dein eigenes Clan-Muster entwerfen:

Info

Das Webmuster hat einen speziellen Namen: Tartan. Im Internet findest du unter den Stichworten „Tartan maker" verschiedene Generatoren für die schottischen Karomuster. Es gibt sie auch als App fürs Handy. Damit kannst du viele verschiedene Designs ausprobieren.

Den längsten Städtenamen Europas und den zweitlängsten Städtenamen der Welt (58 Buchstaben) findet man in Wales:

Llanfairpwllgwyngyllgogerychwyrndrobwllllantysiliogogogoch

Übersetzt heißt das: **„Die Kirche Mariens in der Senke des weißen Haselnussstrauches, nahe dem reißenden Strudel und der Kirche Tysilios unweit der roten Höhle."**
Der Ort hieß nicht immer so. Die Bewohner haben sich den Namen im 19. Jahrhundert ausgedacht, weil sie wollten, dass ihre Stadt an das Eisenbahnnetz angeschlossen wird. Mit diesem besonderen Namen sollte der Ort zum Touristen-Magnet werden und so einen eigenen Bahnhof rechtfertigen. Und das hat auch geklappt.

Kannst du einen ebenso oder noch längeren Namen für dein Dorf oder deine Stadt erfinden? **Schreib ihn hier auf.**

Äthiopien

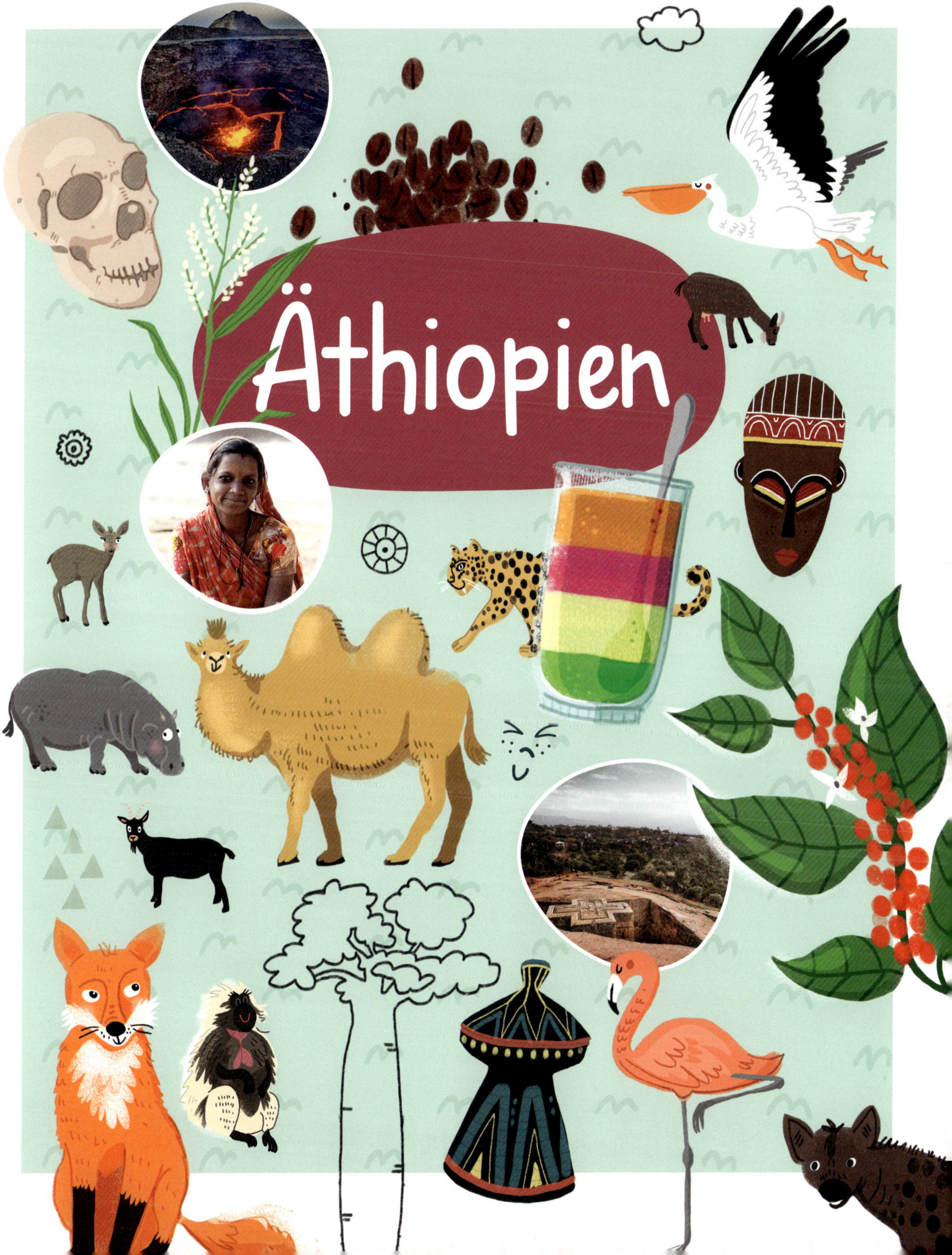

Der Löwe, der Fuchs und die Hyäne

Einmal gingen der Löwe, der Fuchs und die Hyäne zusammen auf die Jagd. Der Fuchs erlegte eine Ziege, die Hyäne eine Kuh und der Löwe ein Kamel. „AH-OHAH", gähnte der Löwe. „Ich bin müde. Ich leg mich schlafen." Die Hyäne war auch müde und wollte sich ebenfalls ausruhen. Aber der Fuchs raunte ihr zu: „Hyäne, du kennst doch den Löwen. Er ist groß und stark. Er schnappt sich immer die ganze Beute und frisst alles auf, ohne uns etwas übrig zu lassen. Ich geh noch mal jagen. Das nächste Tier, das ich fange, teilen wir zwei uns. Aber sag es nicht dem Löwen."

So zog der Fuchs erneut los.
Als der Löwe wieder aufwachte, sagte er als Erstes: „Ich bin hungrig. Ich will etwas essen. Was wirst du fressen, Hyäne?"
„Na ja", sagte die Hyäne. „Du hast das Kamel erlegt, also gehört das Kamel dir. Ich habe die Kuh erlegt, also werde ich die Kuh fressen. Und der Fuchs hat die Ziege erbeutet, also gehört sie ihm."
Der Löwe wurde sehr wütend. „Was?", brüllte er. „Du dummes Tier! Du willst die Kuh und die Ziege für dich und den Fuchs behalten?"
„Ja", sagte die Hyäne. „Das ist nur gerecht."
„Du hast die Kuh nur erlegen können, weil ich dabei war", sagte der Löwe. „Sie hat meine Stimme gehört und war wie gelähmt vor Angst. Ohne mich hättest du sie nie töten können. Sie gehört mir."
„Das ist nicht fair", sagte die Hyäne. „Die Kuh gehört …"
„Keine Widerrede", brüllte der Löwe. „Die Kuh gehört mir!" Und er erschlug die Hyäne mit einem kräftigen Prankenhieb, sodass ihr Kopf abriss und hoch in eine Baumkrone flog.
Der Löwe grub ein Loch und verscharrte den Körper der Hyäne darin.

Der Fuchs war lange weg gewesen, hatte aber nichts mehr gefangen. Schließlich kehrte er zum Löwen und der Hyäne zurück. Auf dem Weg sah er den Kopf der Hyäne hoch oben im Baum.
„O-ha“, dachte der Fuchs. „Ich muss vorsichtig sein.“ Er kam zum Löwen. „Bist du nicht hungrig?“, fragte er. „Willst du nicht anfangen zu fressen?“
„Ich habe auf dich gewartet“, sagte der Löwe. „Unsere Jagd heute war sehr erfolgreich. Sieh nur all das Fleisch. Sag mir, Fuchs, was davon ist für mich und was für dich?“
„Danke, Löwe, dass du fragst“, antwortete der Fuchs. „Das ist sehr nett von dir, dass du meinen Rat hören willst. Du bist der Löwe, der König der Tiere. Ich bin nur ein armer, kleiner Fuchs. Natürlich darfst du dir nehmen, was du gerne möchtest. Aber da du schon gefragt hast, will ich dir gerne meine Meinung dazu sagen: Warum frisst du nicht das Kamel zum Frühstück und die Kuh zum Mittagessen? Dann kannst du dir die Ziege fürs Abendbrot aufheben.“
„Was ist mit dir?“, fragte der Löwe überrascht. „Was wirst du fressen?“
„Ach“, sagte der Fuchs. „Mach dir keine Gedanken um mich. Friss du zuerst. Vielleicht magst du das eine oder andere Stück nicht. Wenn etwas übrig bleibt, nehme ich das.“

Der Löwe sah ihn argwöhnisch an. „Gestern habe ich dich noch für ein dummes Tier gehalten, Fuchs“, sagte der Löwe. „Warum bist du heute so schlau?“
„Na ja“, sagte der Fuchs. „Gestern habe ich nur mit meinem eigenen Kopf gedacht. Aber jetzt hat mir der Kopf der Hyäne beim Denken geholfen!“

Äthiopien in Zahlen und Fakten

Dikdik

Äthiopien liegt im Nordosten Afrikas, mitten im „Horn von Afrika". Damit ist die Spitze des Kontinents gemeint, die in den Indischen Ozean hineinragt. Äthiopien selbst sieht auch ein bisschen wie das Horn eines Nashorns aus. Die Hauptstadt Addis Abeba liegt auf einer Höhe von 2.355 m. Sie ist die dritthöchstgelegene Hauptstadt der Welt. Die meisten Menschen leben allerdings auf dem Land. Sie verdienen ihr Geld z. B. mit dem Anbau von Kaffee. Kaffee ist die wichtigste Ware, die Äthiopien in andere Länder verkauft. Viele Familien auf dem Land besitzen eigene Ziegen- oder Rinderherden, damit sie überleben können. Der Süden Äthiopiens ist fruchtbar und grün, während der Norden sehr karg und trocken ist. Da viele Gegenden Äthiopiens hoch gelegen sind, ist das Klima meist sehr mild, und die Temperatur liegt um die 20 °C. Aber die Region Afar liegt unterhalb des Meeresspiegels und dort erreichen die Temperaturen regelmäßig über 50 °C. Diese Region gilt als die heißeste der Welt.

ERITREA

In Lalibela steht die größte aus einem Stein gehauene Felsenkirche der Welt.

Hier entspringt der Blaue Nil, einer der zwei Quellflüsse des Nils.

SUDAN

LALIBELA

BAHIR DAR

Holzmaske

GISH ABAY

ASOSA

Blauer Nil

Kamel

ADDIS ABEBA

Blutbrust-pavian

Tüpfelhyäne

Der Kaffee stammt aus der Region Kaffa.

SÜDSUDAN

Kaffeepflanze

Kinder in Äthiopien tragen Schuluniformen. Der Schulbesuch ist Pflicht, aber viele Kinder schließen die achtjährige Grundschule nicht ab.

Der Marathonläufer Abebe Bikila ist eine Sensation. Nicht nur, dass er als Erster für sein Land eine Goldmedaille bei den Olympischen Spielen gewann. Er lief barfuß und stellte dabei auch noch einen Weltrekord auf.

Weißer Nil

KENIA

Mädchen in Harari-Tracht

Junge vom Volk der Omo

Etwa die Hälfte aller Erwachsenen kann weder lesen noch schreiben.

Deutschland
Sommer-/Winterzeit: 12 Uhr

Äthiopien
Sommerzeit: 13 Uhr
Winterzeit: 14 Uhr

- **Flagge:** Der gleichmäßige Stern steht für die Gleichberechtigung aller Volksgruppen und Religionen und die Strahlen dazwischen für eine strahlende Zukunft.
- **Hauptstadt:** Addis Abeba
- **Einwohnerzahl:** knapp 100.000.000
- **Fläche:** ca. 1.140.000 km^2 (ca. 3-mal so groß wie Deutschland)
- **Luftlinien-Entfernung zwischen Berlin und Addis Abeba:** 5.351 km
- **Währung:** Birr
- **Hauptreligionen:** Christentum, Islam
- **Regierungsform:** parlamentarische Demokratie
- **Durchschnittliche Lebenserwartung:** 67 Jahre
- **Sprache:** Amharisch
  Begrüßung = salam näw (Wie geht's?)
  danke = amasagenalhu
  „Bitte", wie wir es verwenden, gibt es nicht.

Typisch
Äthiopien

Die **Mursi** sind eine von etwa 80 verschiedenen Volksgruppen in Äthiopien. Obwohl es nur eine kleine Gruppe ist, kennt man sie weltweit wegen ihrer Lippenteller. Es wird erzählt, dass diese Tradition zur Zeit des Sklavenhandels begann. Die Männer der Mursi wollten ihre Frauen vor den Sklavenhändlern beschützen, indem sie sie durch die Lippenteller entstellten. Was also einst als „hässlich" galt, wurde zum Schönheitsideal. Heute tragen die Frauen den Lippenteller aber oft nur noch, um sich von Touristen fotografieren zu lassen und damit Geld zu verdienen. Der bisher größte gemessene Lippenteller hat einen Umfang von 59,5 cm.

Der "**ostafrikanische Grabenbruch**" teilt Äthiopien in zwei Hälften. Er fängt im Hochland im Norden Äthiopiens an und verläuft bis Mosambik. An dieser Stelle driften Erdplatten auseinander. Im Laufe der letzten 20 Millionen Jahre ist so ein tiefer Graben entstanden. In weiteren 5 bis 10 Millionen Jahren wird sich dieser Graben mit Meerwasser füllen und einen Teil Ostafrikas vom Kontinent trennen. Die Hälfte Äthiopiens wird dann als Insel vor der Küste Afrikas liegen.

Tüpfelhyänen sind gefährliche Raubtiere und Allesfresser. Mit ihren kräftigen Zähnen können sie sogar dicke Knochen durchbeißen. Man kommt ihnen also besser nicht zu nah. Aber in der Stadt Harar fürchtet man die Hyänen nicht. Ganz im Gegenteil. Hier lebt man mit ihnen zusammen. Die Tiere fressen manchen Menschen sogar aus der Hand. Unter den Stichworten „Kuss der Hyäne" kannst du dir das im Internet anschauen. Dieses Ritual reicht schon viele Jahrhunderte zurück. Es wird erzählt, dass die Hyänen verärgert waren, als eine Schutzmauer um die Stadt errichtet wurde. Da sie sich keine Abfälle mehr holen konnten, griffen sie Menschen an. Der Herrscher der Stadt schloss ein Abkommen mit dem Hyänenkönig und versprach, sie fortan zu füttern.

Die **Danakil-Wüste** ist einer der unwirtlichsten Orte der Erde: unvorstellbare Hitze, Salzplatten, Lavaseen und immer wieder Vulkanausbrüche. Der Vulkan Erta Ale ist eine Sensation unter den Vulkanen. In seinem Krater brodelt seit vielen Jahren ein Lavasee, der nicht erstarren will. Auch der Dallol war einmal ein Vulkan. Nach seinem letzten Ausbruch ist er in sich zusammengefallen und hat eine Vulkanlandschaft hinterlassen, in der die durchschnittliche Jahrestemperatur bei 35 °C liegt. Es ist der heißeste Ort der Erde! Auch nachts kühlt es kaum ab.

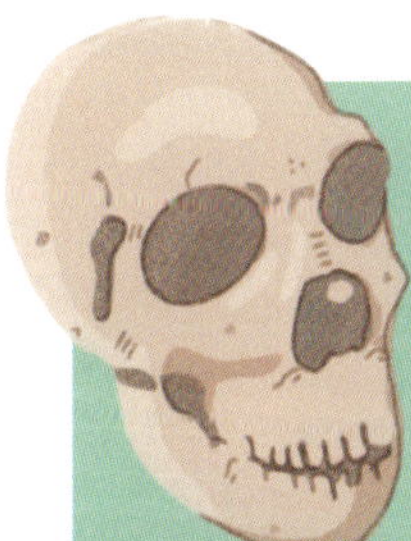

Lucy wurde bei Erdbewegungen im Grabenbruch zutage gefördert. Das Skelett einer Frau, die vor ca. 3,5 Millionen Jahren gelebt hat und bereits aufrecht gehen konnte. Sie war nur 105 cm groß. Ihren Namen verdankt sie dem Lied „Lucy in the sky with diamonds" von den Beatles, das die Forscher im Ausgrabungscamp oft hörten. Die Äthiopier nennen sie Dinkinesh, was so viel heißt wie „Du bist wundervoll". Auch andere Skelettfunde stützen die These, dass die Wiege der Menschheit in Äthiopien liegen könnte.

So respektvoll wie die Äthiopier

Äthiopier gehen sehr höflich und respektvoll miteinander um. Eine Begrüßung ist sehr kompliziert und dauert mehrere Minuten. Erst spricht man seine guten Wünsche für den anderen aus, dann fragt man, wie es ihm geht, wie es seiner Familie geht, seinen Nachbarn und so weiter bis alle Neuigkeiten ausgetauscht sind. Familie ist den Äthiopiern sehr wichtig. Für jedes Familienmitglied, auch für die weit entfernte Tante x-ten Grades, gibt es eine eigene Bezeichnung des Verwandtschaftsgrades. Äthiopier sind stolz und zurückhaltend. Wer in Äthiopien laut wird, gilt als unhöflich und respektlos und wird nicht mehr gern gesehen. Wenn man etwas angeboten bekommt, ist es höflich, ein- oder zweimal abzulehnen. Am Essen sollte man nicht riechen, aber am Kaffee unbedingt. Wenn man eingeladen ist, den Teller nicht leer essen, sonst bekommt man immer wieder aufgetan, weil die Gastgeber glauben, man habe noch Hunger. Pärchen halten in der Öffentlichkeit nicht Händchen, aber Freunde (vor allem gleichgeschlechtliche) schon.

Kaffeepflanze

Äthiopien
lesen, sehen, hören

Lesenswerte Bücher – eine ganz persönliche Auswahl

Sachbücher

„Mein erstes amharisches Bildwörterbuch. Deutsch – Amharisch“ von *Fitsame Teferra*

„Afrika für Kinder erzählt“ von *Stefan Rousseau und Alexandre Messager*

„Die Geschichte Afrikas“ von *Lutz van Dijk*

Bilder- und Vorlesebücher

„Sag mir, wie ist Afrika“ von *Marie Sellier*

„Morgen kommt die Hyäne zum Essen. Afrikanische Tiergeschichten“ von *Nasrin Siege*

„Die afrikanische Meerjungfrau: Enkenyelesh“ von *Mena Wubet Tefera*

„Afrika – Wie ist es da? Geschichten zum Vor- und Selberlesen“ von *Hermann Schulz*

„Der Honigvogel: Geschichten aus Afrika“ von *Nasrin Siege*

Hörbuch

„Karibuni – Märchen aus Äthiopien“ von *Pit Budde und Josephine Kronfli, ab 6*

Bücher ab 8

„Mit Salome sind wir komplett“ von *Jana Frey*

Bildbände

„Sagenhaftes Äthiopien“ von *Klaus Dornisch*

„Unterwegs in Äthiopien“ von *Thomas Wallmeyer und Jürgen Lindebaum*

Die Stadtbücherei ist immer ein guter Anlaufpunkt. Dort kannst du weiter zu Äthiopien stöbern und findest auch Bücher, die deine Buchhandlung nicht mehr vorrätig hat.

Sehenswerte Filme

Am besten verschaffst du dir zum Einstieg in das Thema „Äthiopien“ einen ersten Eindruck mithilfe eines Dokumentarfilms. Im Internet findest du informative Filme. Zum Beispiel:

„Expedition ins Tierreich: Im Hochland der Wölfe“
„Äthiopien: Zwischen Tradition und Moderne“, *ab 6*
„An den Rändern der Welt“, *FSK 0, persönliche Empfehlung: ab 6*
„Die gefährlichsten Schulwege der Welt: Äthiopien“, *Staffel 2, Folge 1, FSK 0, persönliche Empfehlung: ab 6*

Wenn du etwas über die Entdeckung des Nils wissen willst, dann schau dir **„Es war einmal … Bruce – Die Quellen des Nils“** *(FSK 0, Staffel Staffel 6, Folge 15)* an.

Spielfilme

„Ephraim und das Lamm“, *FSK 6*
„Zambezia“, *FSK 6*

Hörenswerte Musik

Playlist

- Hiwet Mamo: እዮሓ አበባዬ / Eyoha Abebaye
- Hiwet Mamo: ቡሄ በሉ /Buhe Belu
- Seleshe Demassae: Ere Amsale
- Seleshe Demassae: Kukulu
- Ahmed Teshome: Dinbi
- Tigist Shibabaw: Eshururu
- Rahel Getu: Etemete
- Teddy Afro: Ethiopia
- Jah Jude: Dancé Dancé
- Abel Mulugeta: Mata Mata
- Michael Melaku: Akukulu
- Absuh Zeleke: Maaloo Intaloo
- Mesfin Bekele: Asresh Mchiw
- Mikaya Behailu: Lante Sil
- Tariku Gankisi: Dishtagina
- Aster Aweke: Checheho
- Gigi: Ande Ethiopia

Spotify Youtube

Diese und noch ein paar mehr Lieder findest du direkt auf Spotify oder Youtube, wenn du die QR-Codes scannst.

Für große und kleine Spielkinder

Brettspiele mit afrikanischem Flair

Africana: *Familienspiel für 2 bis 4 Spieler, Spieldauer: ca. 60 min, ab 8*

Ubongo: *Knobelspiel für 1 bis 4 Spieler, Spieldauer: ca. 25 min, ab 8*

Mancala *ist ein beliebtes Spiel. Es wird in verschiedenen Versionen und unter verschiedenen Namen (z. B. Kalaha oder Oware) in ganz Afrika gespielt.*

Ein **Mancala** kannst du dir leicht selbst basteln:

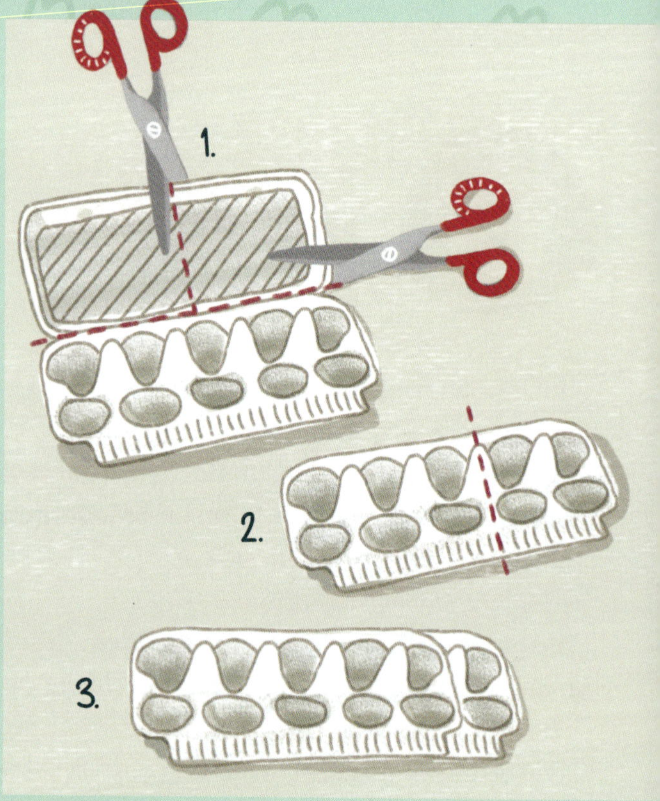

Du brauchst:

- zwei leere Eierkartons (hier: 10er)
- Schere
- Kleber
- Wasser- oder Temperafarbe
- 48 Spielsteine (kleine Steine, Knöpfe, trockene Bohnen oder Ähnliches)

Los geht's

Spielregeln für 2 Mancala-Spieler:

Die Spieler sitzen sich gegenüber. Jeder hat eine Reihe mit sechs Mulden und links und rechts jeweils eine Gewinnkuhle vor sich. In jede Mulde werden 4 Spielsteine gelegt. Gespielt wird gegen den Uhrzeigersinn. Ziel des Spiels ist es, möglichst viele Steine in der rechten Gewinnkuhle zu sammeln. Es dürfen dabei nur Steine auf der eigenen Seite bewegt werden.

Der erste Spieler nimmt alle Spielsteine aus einer Mulde und verteilt sie gegen den Uhrzeigersinn auf die nächsten Mulden. Jeweils einen Stein pro Mulde. Die eigene Gewinnkuhle rechts wird dabei mitgezählt. Auch dort wird ein Stein abgelegt. Die Gewinnkuhle des Gegners wird nicht gezählt. Endet der Zug in der Gewinnkuhle ist man noch mal an der Reihe. Ansonsten ist der Zug beendet. Endet der Zug auf der eigenen Seite in einer leeren Mulde und in der Mulde des anderen Spielers gegenüber befinden sich Steine, dann werden diese mit dem eigenen Stein eingesammelt und in die Gewinnkuhle gelegt.

Wenn alle Mulden eines Spielers leer sind, ist das Spiel beendet. Jetzt werden die gewonnen Steine gezählt.

Tipp

Für Alle die sofort losspielen wollen: Mancala kann man auch online spielen. Z. B. unter www.spiele-kostenlos-online.de/brettspiele/brett-spiele/bohnenspiel-mancala/

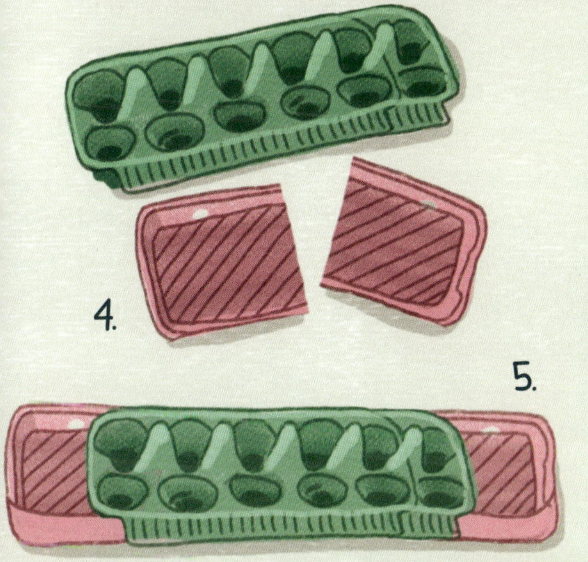

1. Die Deckel von den Eierkartons trennen. Einen Deckel in zwei Hälften schneiden.
2. Von einem der Eierkartons zwei Endreihen abschneiden.
3. Dann die Eierkartons ineinanderstecken, sodass sich auf jeder Seite sechs Mulden ergeben (insgesamt sind es 12).
4. Wenn du magst, den Karton innen und außen nach Belieben bemalen. Die zwei Deckelhälften innen am besten einfarbig. Dann unterscheiden sich diese zwei Felder, die „Gewinnkuhlen", deutlicher vom Rest.
5. Wenn alles getrocknet ist, klebst du die zwei Deckelhälften links und rechts an den Eierkarton. Achte dabei auf ausreichend Abstand zum Eierkarton. Es soll auf jeder Seite ein durchgehendes Feld stehen bleiben. Darin werden die Steine gesammelt, die du beim Spielen gewinnst.

Fußball ist überall in Afrika der beliebteste Mannschaftssport. Auch in Äthiopien. Das Land hat mit Ägypten und dem Sudan 1957 als erstes am Afrika-Cup teilgenommen. Überall in Äthiopien wird gekickt. Dazu brauchen die Kinder keinen teuren Lederball. Sie binden, egal was sie finden – alte Socken, Stofffetzen, Plastiktüten –, zu einem Ball zusammen und spielen los. Probier es aus.

Du brauchst:

- **Stoffreste**
- **Paketschnur oder eine andere Schnur, die du gerade zur Hand hast. Sie muss nur lang sein.**

Die Stoffreste knäuelst du zu einer Kugel zusammen. Mit der Schnur umwickelst du den Ball von links nach rechts, von oben nach unten, kreuz und quer. Es soll ein gut verteiltes Gitternetz entstehen. Dabei die Schnur schön festziehen, damit der Ball nicht auseinanderfällt, wenn du ihn kickst.

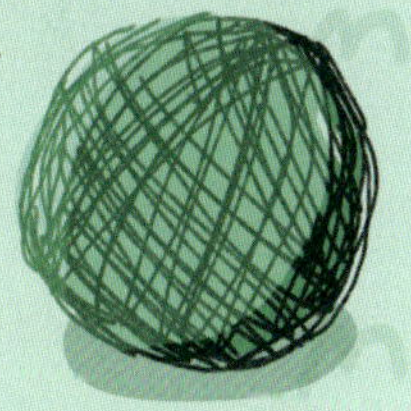

Teezer ist eine Variante von Twistball. Vielleicht kennst du dieses Spiel, bei dem ein Tennisball an einem Stab mit dem Schläger getroffen werden muss. Die Kinder in Äthiopien spielen dieses Spiel auch: nur mit einem selbst gemachten Fußball, einer möglichst reißfesten Schnur und einem langen, dicken Stock.

So geht's: Steck einen stabilen Stock in den Boden. Mit einer festen Schnur, die nicht gleich reißt, bindest du deinen Stofffußball oben am Stock fest. Der Ball soll knapp über dem Boden hängen. Du kannst ihn allein kicken, aber mehr Spaß macht es zu zweit. Stellt euch gegenüber auf und kickt den Ball hin und her. Wer trifft ihn am häufigsten? Wer hat die beste Koordination?

Lecker
Rezepte aus Äthiopien

In Äthiopien isst man nicht mit Messer und Gabel, sondern mit den Händen. Genau genommen mit einem Stück Fladenbrot, dem Injera. Man reißt ein Stück vom Fladen ab und greift sich damit das Essen vom Teller. Wenn man jemanden sehr gernhat, kann man ihm das zeigen, indem man ihm einen Injera-Happen in den Mund steckt. Für Injera brauchst du Teffmehl. Teff ist das kleinste Getreide der Welt. Man bezeichnet es auch als Zwerghirse.

Diese einfache **Injera-Variante** kannst du leicht nachbacken.

Du brauchst:
- **1 Würfel frische Hefe**
- **700 ml lauwarmes Wasser**
- **500 g Teffmehl (aus dem Bio-Laden)**
- **1 Prise Salz**

Und so geht's:
1) 700 ml lauwarmes Wasser in eine Schüssel geben und darin die Hefe auflösen.
2) Teffmehl und Salz dazugeben.
3) Alles gut verrühren und den Teig mindestens 6 Stunden ruhen lassen.
4) Dann eine große Schöpfkelle Teig in eine beschichtete Pfanne geben (ohne Öl) und auf mittlerer Stufe von beiden Seiten goldbraun backen – ca. 3 bis 4 Minuten pro Seite.

Nun den Fladen auf einem Teller anrichten und in die Mitte einen großen Klecks Linsen- oder Fleischeintopf geben, oder was deine Eltern eben zum Abendessen gezaubert haben. Denn während deine Eltern für das Hauptgericht sorgen, sorgst du für den äthiopischen Kick. Vom Rand her den Fladen abreißen und das Essen damit aufnehmen. Guten Appetit! Oder: „Melkam mgib", wie man auf Amharisch sagen würde.

Eine süße Brotvariante ist **Himbasha**. Es wird oft an Festtagen serviert. In einigen Regionen wird das Brot Kindern zu ihrem ersten Geburtstag auf den Rücken gelegt und in die Hälfte gebrochen. Das soll dem Kind Kraft und Wohlstand bringen.

Du brauchst:
- **2 Tassen Mehl**
- **3 EL Zucker**
- **1 Pck. Trockenhefe**
- **½ TL Salz**
- **2 EL Olivenöl**
- **½ Tasse warmes Wasser**
- **1 TL schwarze Sesamkörner**
- **½ TL Kardamom**
- **3 EL Milch**

Und so geht's:

1) In einer Schüssel vermischst du das Mehl, die Trockenhefe, den Zucker, das Salz, den Kardamom und die schwarzen Sesamkörner.
2) Gib das Öl hinzu und rühre einmal um.
3) Füge langsam das warme Wasser hinzu. Dabei ständig rühren. Mit dem Knethaken des Handmixers den Teig nun so lange kneten, bis ein Teigklumpen entsteht. Er soll nicht mehr kleben. Das kann eine Weile dauern. Nicht die Geduld verlieren.
4) Decke den Teig in der Schüssel nun mit einem Geschirrtuch zu und lass ihn 1,5 Stunden ruhen. Die Teigmenge sollte sich verdoppelt haben.
5) Heize den Ofen auf 180 °C Ober-/Unterhitze vor.
6) Fette eine feuerfeste runde Ofenform oder Kuchenform ein. Verteil den Teig darauf und schieb ihn mit den Händen bis an die Ränder.
7) Mit einem stumpfen Messer ritzt du nun noch ein spinnennetzartiges Muster in den Teig.
8) Zum Schluss die Milch oben auf das Brot pinseln. Und ab damit in den Ofen.
9) 25 bis 35 Minuten backen, bis das Himbasha oben goldbraun ist.

Tipp: Wer mag, kann auch noch eine Handvoll Rosinen in den Teig mischen.

Kaffeezeremonie

Trinken deine Eltern gerne Kaffee? In Äthiopien ist das Kaffeetrinken ein Moment mit Freunden, für den man sich Zeit nimmt. Zuerst werden die reifen Bohnen über dem Feuer geröstet. Dann werden sie gemahlen und mit Gewürzen wie Zimt und Kardamom verfeinert.

Mmmmhhh, lecker!!

Yes pries tchemaki:

Dieser „gemischte Saft" ist bei uns auch als Smoothie bekannt. In Äthiopien wird er in bunten Schichten gereicht.

Du brauchst:

- **1 Avocado und 1/2 EL Zitronensaft**
- **1 Banane und 2 EL Naturjoghurt**
- **1 Handvoll Himbeeren oder Erdbeeren**
- **½ Papaya und ½ EL Zitronensaft**
- **1 hohes Glas**
- **1 Pürierstab**

Und so geht's:

1) Als Erstes pürierst du mit einem Pürierstab die Avocado und gibst etwas Zitronensaft hinzu. Das wird deine erste Schicht im Glas
2) Als Nächstes die Banane pürieren und den Naturjoghurt untermischen. Als zweite Schicht ins Glas geben.
3) Dann das rote Obst (Himbeeren oder Erdbeeren) pürieren. Das ist die dritte Schicht.
4) Als Letztes die Papaya pürieren und Zitronensaft hinzugeben. Als oberste Schicht ins Glas geben. Die Papaya verhindert, dass das Obst im Glas oxidiert, also braun wird.
5) Nun einen langen Löffel ganz nach unten stechen und durch alle Smoothie-Schichten ziehen.

Äthiopische Souvenirs
Do it yourself

Afrikaner schmücken sich gerne.

Mancher Körperschmuck wie z. B. die Tellerlippen der Mursi erscheinen uns seltsam. Aber wie wäre es mit bunten Ketten und Armbändern, wie man sie überall in Äthiopien auf dem Markt kaufen kann? So bastelst du ein mehrreihiges Perlenarmband:

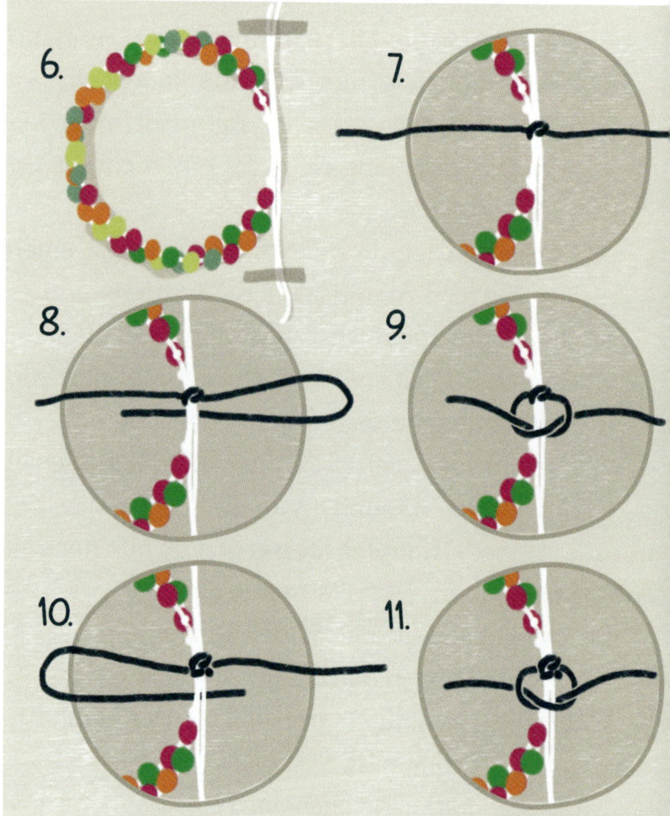

Du brauchst:

- bunte Perlen (nicht zu groß)
- Baumwollband, Stärke: ca. 1 mm (eine dünne Schnur geht auch)
- Klebeband

1. Lege das Band zweimal um dein Handgelenk und schneide es ab. Das wird deine erste Armbandreihe. Du brauchst drei bis vier solcher Bänder in gleicher Länge – je nachdem wie viele Reihen dein Armband am Ende haben soll.
2. Mache einen Knoten in das Band, ca. 7 cm vom Ende entfernt.
3. Fädle jetzt von der anderen Seite deine Perlen auf. Das kann kunterbunt durcheinander sein oder einfarbig. In Äthiopien werden oft die Farben Gelb, Grün und Rot verwendet.
4. Hör wieder ca. 7 cm vor dem Ende des Bandes auf und mach einen Knoten.
5. Die erste Reihe ist fertig. Lege sie beiseite und verfahre genauso mit deinem zweiten Band.

6. Wenn du alle Perlenschnüre aufgefädelt hast, dann lege sie nebeneinander und forme einen Kreis. So wie dein fertiges Armband später aussehen wird. Die Enden klebst du auf dem Tisch fest, damit nichts verrutschen kann.

   Jetzt brauchst du noch einen Verschluss.
   Dazu schneidest du wieder ein Stück vom Band ab, ca. 20 cm, und machst einen Makrameeknoten.
7. Für den Makrameeknoten schiebst du das Band unter dem Armband durch und machst in der Mitte einen ganz normalen Knoten. Die Enden des Verschluss-Bandes sollten in etwa gleich lang sein.
8. Du beginnst mit der rechten Seite des Verschluss-Bandes. Lege eine Schlaufe (wie ein Hasenohr) und schiebe das Ende des Bandes unter dem Armband durch. Das Hasenohr bleibt stehen.
9. Das linke Bandende muss unter dem rechten Ende liegen. Dann schiebst du das linke Ende mitten durch die Schlaufe bzw. das Hasenohr auf der rechten Seite. Fest zuziehen.
10. Als Nächstes beginnst du links: Links ein Hasenohr legen und das Ende des Bandes unter dem Armband durchschieben.
11. Das rechte Ende liegt unter dem linken Ende und wird durch das Hasenohr links geschoben. Wieder fest zuziehen.

    Nun noch einmal dasselbe von rechts aus und dann noch einmal von links. So hast du vier Markrameeknoten gemacht. Nun noch die Enden des Verschluss-Bandes verknoten und gut festziehen. Die überstehenden Enden abschneiden.

    Als Letztes die Enden deiner Armbandreihen zusammenknoten und überstehendes Band abschneiden.

Eskista

... ist ein äthiopischer Tanz, ein Schulter-Schüttel-Tanz. Er ist ganz einfach. Schau ihn dir im Internet an. Dort findest du auch das ein oder andere „Eskista Tutorial". Veranstalte mit deiner Familie doch einen äthiopischen Tanzabend und lernt den Tanz gemeinsam.

Stäbe werden in Äthiopien nicht nur als Hirtenstab zum Hüten von Schafen oder Rindern eingesetzt. Manchmal sind sie auch Musikinstrument. Man stampft mit ihnen auf den Boden und gibt den Rhythmus zum Singen oder Tanzen an. Zum Beispiel zu „Buhe". Dieses Fest findet jedes Jahr am 19. August statt. Wie an Halloween ziehen die Kinder dann von Haus zu Haus, singen und sammeln Brot, Süßigkeiten und Geld ein. Gib „Hiwet Mamo Buhe Belu" im Internet ein und schau dir das Spektakel an.

Du brauchst:

- einen stabilen Stock aus dem Wald
- Stoffreste (Gelb, Grün und Rot sind die Farben Äthiopiens, aber du kannst auch alle anderen Farben nehmen)
- eine Schere
- eventuell eine Handsäge

1. Der Stockenden sollten möglichst gerade sein. Wenn nötig, säge sie ab. Lass dir eventuell von einem Erwachsenen dabei helfen.
2. Nun schneidest oder reißt du 10 cm breite Stoffstreifen zurecht. Je länger sie sind, umso besser.
3. Jetzt knotest du an einem Ende einen Stoffstreifen fest und wickelst ihn dann schön fest von oben nach unten um den Stock.
4. Einen neuen Stoffstreifen knotest du einfach an den vorherigen und wickelst weiter. Bis ganz nach unten. Dort das Stoffende wieder gut verknoten.

Jetzt bist du für alle Fälle gerüstet!

Du bist dran!
Wilde Muster überall

Der Löwe von Juda

Der Löwe ist das Wappentier von Äthiopien. Die christlichen Äthiopier sehen sich als Nachfahren des biblischen Königs Salomon, aus dem Geschlecht der Judäer. Aber schon lange davor war der Löwe das Symboltier der afrikanischen Königsclans. Er steht für Macht und Herrschaft. Im Süden Äthiopiens glaubte man sogar, dass ein gestorbener König sich in einen Löwen verwandelte.

Hier hast du Platz, um deinen eigenen Löwen zu zeichnen.

Info

Am 11. September, dem äthiopischen Neujahr, malen Kinder Löwenbilder und verschenken sie.

Mach die afrikanische Playlist von Seite 71 an und mal das Mandala aus.

Japan
友

Momotaro
Der Pfirsichjunge

Vor langer, langer Zeit lebten ein alter Mann und eine alte Frau an einem abgeschiedenen Ort in Japan. Sie waren arm, aber im Großen und Ganzen zufrieden. Zu ihrem Glück fehlte ihnen nur ein Kind. Doch dieser Wunsch war ihnen nicht in Erfüllung gegangen. Eines Tages, als die alte Frau die Wäsche im Fluss wusch, trieb ein riesengroßer Pfirsich direkt auf sie zu. Selten hatte sie solch eine herrlich reife Frucht gesehen. Ihr lief das Wasser im Mund zusammen. Weil er so groß war, musste sie all ihre Kraft aufbringen, um ihn aus dem Wasser zu holen und nach Hause zu tragen. Dort wartete sie auf ihren Mann, um diesen unverhofften Leckerbissen mit ihm zu teilen. Als der Alte vom Holzholen nach Hause kam, staunte er nicht schlecht. Doch als die beiden den Pfirsich in zwei Hälften teilen wollten, sprang ein Knabe heraus. Erst erschraken die beiden Alten sehr, doch dann dankten sie den Göttern, die sie nun doch noch mit einem Kind gesegnet hatten.

Sie tauften den Jungen Momotaro* und liebten ihn sehr. Momotaro wuchs zu einem freundlichen und sehr starken jungen Mann heran. Er war seinen Eltern für alles, was sie für ihn getan hatten, sehr dankbar und überlegte ständig, wie er ihnen ihre Güte vergelten konnte. Gerne hätte er ihnen zu etwas Reichtum verholfen, damit sie nicht mehr so ärmlich leben mussten. Eines Nachts träumte er von den Oni und den Schätzen, die sie angehäuft hatten. In Japan heißen die bösen Geister Oni. Sie leben auf einer Insel, die Onigashima heißt. Momotaro beschloss zu dieser gefürchteten Insel überzusetzen und die Schätze der Oni zu holen.

Seine Pflegeeltern ließen ihn nur schweren Herzens ziehen. Das alte Väterchen gab Momotaro einen Wanderstab mit auf seine Reise und das alte Mütterchen kochte einen Vorrat an Hirsebällchen als Proviant.

Momotaro war noch nicht weit gekommen, da begegnete er einem Hund. „Wohin gehst du?", wollte der Hund wissen. „Und was trägst du in deinem Beutel?" „Ich gehe nach Onigashima, um mir den Schatz der Oni zu holen. Und in meinem Beutel habe ich die besten Hirsebällchen in ganz Japan. Wenn du mir hilfst, gebe ich dir welche ab." Der hungrige Hund erklärte sich einverstanden, verschlang gierig ein paar Hirsebällchen und schloss sich Momotaro an.

Momotaro und der Hund kamen an einem Baum vorbei, auf dem ein Affe saß. „Wohin geht ihr? Und was ist in diesem Beutel?", rief der Affe ihnen zu. „Wir gehen nach Onigashima, um uns den Schatz der Oni zu holen. Und in dem Beutel sind die besten Hirsebällchen in ganz Japan. Wenn du mit uns kommst, teilen wir sie mit dir." Sogleich sprang der Affe vom Baum und schloss sich den beiden an.

Kurz vor der Küste trafen die drei auf einen Fasan. „Wohin geht ihr? Und was ist in diesem Beutel?", fragte der Fasan. „Wir gehen nach Onigashima, um uns den Schatz der Oni zu holen. In dem Beutel sind die besten Hirsebällchen in ganz Japan. Wenn du mit uns kommst, gebe ich dir welche." Da schloss sich ihnen auch der Fasan bereitwillig an.

Momotaro, der Hund, der Affe und der Fasan bestiegen ein Boot und setzten über zur Dämoneninsel. Dort trafen sie in einer Höhle auf die feiernden, betrunkenen Oni. „Wir sind hier, um euch zu besiegen", verkündete Momotaro.

***Momotaro**

Momo heißt auf Japanisch Pfirsich und Taro ist ein beliebter Jungenname.

Als die Oni das hörten, lachten sie Momotaro und seine Gefährten aus. Doch sie hatten nicht mit den besten Hirsebällchen in ganz Japan gerechnet. Denn die hatten Momotaro, dem Hund, dem Affen und dem Fasan unglaubliche Kräfte verliehen. Gemeinsam stürzten sie sich auf die betrunkenen Riesen. Momotaro schlug mit seinem Wanderstab auf die Oni ein, der Hund biss sie ins Bein, der Affe sprang sie an und kratzte sie mit seinen scharfen Krallen, und der Fasan hackte mit seinem Schnabel. Es dauerte nicht lange, da bettelten die Oni um Gnade. „Momotaro, du bist wahrlich der Stärkste in ganz Japan! Wir geben dir all unsere Schätze, wenn du uns verschonst!"

Momotaro und seine Gefährten beluden ihr Boot mit den Schätzen und kehrten triumphierend nach Hause zurück. Das alte Ehepaar freute sich sehr, Momotaro wohlbehalten wiederzusehen, und hieß ihn und seine drei Freunde willkommen. Sie lebten noch lange glücklich und sorgenfrei zusammen.

Japan
in Zahlen und Fakten

Tokio ist mit 38 Millionen Einwohnern die größte Metropole der Welt.

Japan liegt im Pazifischen Ozean und setzt sich aus mehreren Inselgruppen zusammen. Das Land hat eine längliche Form und sieht ein bisschen aus wie eine Banane. Weil es so lang ist, erstreckt es sich über mehrere Klimazonen. Das Wetter in den verschiedenen Gegenden Japans ist also sehr unterschiedlich. Im Norden sind die Winter kalt und es liegt viel Schnee. Im Süden wird es im Sommer richtig heiß und es regnet viel. Japan ist nach den USA und der EU die drittgrößte Wirtschaftsmacht der Welt. D. h., Japan verkauft viele Waren, die andere Länder brauchen, und verdient so viel Geld – und das obwohl Japan kaum eigene Rohstoffe besitzt. Das Geheimnis seines Erfolges beruht auf Hightech. Viele technische Erfindungen und Produkte, die wir im Alltag benutzen, kommen aus Japan. Doch trotz des technischen Fortschritts hängen die Japaner an ihren alten Traditionen und pflegen sie. Tradition und Moderne liegen in Japan dicht beieinander - manchmal sogar an derselben Straßenecke.

Für zweihundert Jahre (1639-1853) hat sich Japan komplett von der Außenwelt abgeriegelt und niemanden in das Land hereingelassen. So haben sich viele **alte Traditionen** erhalten können.

Bildung und Erfolg ist den Japanern sehr wichtig. Viele Kinder gehen nach dem Unterricht in **private Nachhilfeschulen**, um noch besser zu werden.

Kimono - traditionelle Tracht

Buddha-Statue in Kamakura

In Hiroshima brennt im Friedenspark Tag und Nacht eine Flamme, die erst gelöscht werden soll, wenn alle **Atomwaffen** auf der Welt vernichtet worden sind.

Die Erde bebt rund 1.000 Mal im Jahr. Das liegt an den zwei Kontinentalplatten, die hier zusammentreffen und für Erdbeben, Vulkanausbrüche und Tsunamis sorgen. Die meisten Beben sind aber harmlos.

Kyoto-Protokoll: Bereits 1997 tagten die Vereinten Nationen in Kyoto und verabschiedeten ein Protokoll, in dem steht, wie man etwas gegen den Klimawandel tun kann.

Schüler tragen eine **Schuluniform**. Das soll das Gemeinschaftsgefühl stärken.

Japan besteht aus 6.852 Inseln.

Überall gibt es **Verkaufsautomaten**, an denen man von Getränken bis hin zum Regenschirm alles bekommen kann. Nirgendwo auf der Welt gibt es mehr Automaten. Im Durchschnitt kommt ein Gerät auf 25 Leute.

Der Shinkansen ist einer der schnellsten Züge der Welt.

Kyoto ist der Geburtsort von Nintendo.

Der Fuji ist der höchste Berg. Er misst 3.776 Meter.

Deutschland 12 Uhr — Japan 19 Uhr

- **Flagge:** Sie zeigt eine rote Sonne auf weißem Hintergrund.
- **Hauptstadt:** Tokio
- **Einwohnerzahl:** ca. 126.000.000
- **Fläche:** knapp 380.000 km² (nur ein klein bisschen größer als Deutschland)
- **Luftlinien-Entfernung zwischen Berlin und Tokio:** 8.916 km
- **Währung:** Yen
- **Hauptreligionen:** Shinto, Buddhismus, Christentum
- **Regierungsform:** parlamentarische Monarchie
- **Durchschnittliche Lebenserwartung:** 85 Jahre
- **Sprache:** Japanisch
  hallo = kon'nichiwa
  danke = arigato
  bitte = dooso (anbietend)
  onegai shimass (fragend)

Typisch Japan

Die **Samurais** im mittelalterlichen Japan waren so etwas wie die Ritter in Europa: von Beruf Krieger. Sie dienten einem Shogun (vergleichbar mit einem deutschen Herzog) und dem Tenno, dem japanischen Kaiser. Übersetzt bedeutet das Wort „Samurai" übrigens „Diener". Ihr Ehrenkodex war vergleichbar mit dem der deutschen Ritter. Tugenden wie Gerechtigkeit, Tapferkeit, Höflichkeit und Loyalität waren sehr wichtig.

Karate, Judo und Kendo (Stockkampf)

sind japanische Kampftechniken, die noch aus der Zeit der Samurai stammen. Heute geht es dabei vor allem um das Erlernen von Selbstbeherrschung, Disziplin und Respekt. Im Internet findest du viele Trainingsvideos zu Karate und Judo – auch speziell für Kinder. Probier sie doch mal aus. Wer weiß, vielleicht findest du ein neues Hobby?! Am besten suchst du nach den Stichworten „Karate Kindertraining für zu Hause". So kannst du natürlich auch nach Judo suchen. Und wenn dich Kendo interessiert, dann probier es mal mit den Stichworten „Dein Hobby Kendo".

Ikebana ist die japanische Kunst des Blumensteckens. Dabei werden Zweige und Blumen auf drei Ebenen angeordnet. Der längste Zweig symbolisiert den Himmel, die kürzeste Pflanze die Erde und dazwischen steht der Mensch. Versuch es auch mal. Es muss nicht perfekt sein. Schau gleich nach, was zurzeit draußen wächst, und sorge für etwas japanische Atmosphäre in eurer Wohnung.

Sumo ist eine japanische Form des Ringkampfs. Ein Sumoringer wiegt im Durchschnitt etwa 140 kg. Damit die Sumotori diese für den Kampf wichtige Körpermasse erreichen, essen sie mehrmals am Tag einen fetthaltigen Eintopf. Ein Kampf dauert nicht lange, nur wenige Sekunden. Gewonnen hat, wer den anderen aus dem Ring schiebt oder zu Boden wirft.

Ninjas waren so etwas wie die „Geheimagenten" der japanischen Kaiser. Sie arbeiteten aus dem Hinterhalt und waren für die „schmutzigen Jobs" zuständig. Die Samurais mit ihrem Ehrenkodex blickten verächtlich auf sie herab. Im Internet finden sich viele kurze informative Filme über die Ninjas. Such am besten unter dem Stichwort: „Mythos Ninja".

Teetrinken ist in Japan sehr wichtig. In speziellen Teezeremonien gießt die Teemeisterin oder der Teemeister den Matcha (ein feines grünes Teepulver) auf und rührt ihn mit einem Teebesen an. Diese Teezeremonien finden traditionell in eigens dafür errichteten Pavillons statt. Zum Tee werden Mochi gereicht. Das sind japanische Reisküchlein, gefüllt mit rotem Bohnenmus. Die Süße soll den bitteren Geschmack des Tees abmildern. Du bekommst sie in Asia-Läden.

Japaner lieben **Roboter**. Nicht nur als Spielzeug. Es gibt Restaurants, in denen Roboter das Essen servieren, ein Hotel, das fast vollständig von Robotern betrieben wird, und sogar einen Roboterpriester. Wenn du den Priester in Aktion sehen willst, such im Internet nach „Roboter Mindar".

Höflich wie die Japaner

Japaner sind sehr höflich. Sie achten darauf, ihrem Nächsten nicht zu nahe zu treten und ihn nicht zu belästigen. Weder mit ihren persönlichen Problemen noch durch Lautstärke. In den japanischen Zügen ist es sehr leise, obwohl gerade in Tokio so viele Menschen unterwegs sind. Zwar sind alle am Handy, aber niemand würde je ein lautes Telefongespräch in der Öffentlichkeit führen.

Japaner drängeln sich auch nie vor, sondern stellen sich immer hinten in einer Schlange an. Wenn sie etwas auf der Straße finden, und sei es nur ein Geldschein, geben sie die Fundsache bei der nächsten Polizeistelle ab oder werfen ihn in dafür eigens aufgestellte Fundkästen. Es gilt nämlich nicht „Was man findet, darf man behalten". Ganz im Gegenteil, wenn man den gefundenen Geldschein einsteckt, gilt das als Diebstahl und kann sogar zur Anzeige gebracht werden.

Wenn du einem Japaner begegnest, dann gib ihm zur Begrüßung nicht die Hand. Japaner verbeugen sich leicht voreinander.

Japan
lesen, sehen, hören

Lesenswerte Bücher – eine ganz persönliche Auswahl

Bilderbücher

... auch für Ältere schön zum Anschauen und Lesen

„Dank des Kranichs – Ein japanisches Volksmärchen“ von *Keiko Funatsu*

„Guri und Gura“ von *Rieko Nakagawa*

„Sadakos Kraniche“ von *Judith Loske*

Sachbücher

„Kinder der Welt: Wir leben in Japan“ von *Alexandre Messager*

„Abenteuer Kunst: Zu Besuch bei Meister Hokusai in Japan“ von *Julia Altmann*

„Was ist was: Samurai“ von *Peter Pantzer*

„Karate – Das Buch für Kinder“ von *Marié Niino*

Bücher ab 6

„Viele Grüße, Deine Giraffe“ von *Megumi Iwasa*

„Das magische Baumhaus Junior, Band 5: Das Geheimnis der Ninjas“ von *Mary Pope Osborne*

Bücher ab 8

„Hachiko–Der treueste Hund der Welt“ von *Lesléa Newman*

„Das magische Baumhaus: Im Land der Samurai“ von *Mary Pope Osborne*

Die Stadtbücherei ist immer ein guter Anlaufpunkt. Dort kannst du weiter zu Japan stöbern und findest auch Bücher, die deine Buchhandlung nicht mehr vorrätig hat.

Hachiko

Eine Geschichte nach wahren Begebenheiten. Für Hachiko wurde ein Denkmal vor dem Bahnhof Shibuya errichtet. Es ist zu einem beliebten Treffpunkt geworden.

Viele Stadtbüchereien bieten das japanische Erzähltheater **Kamishibai** an. Dabei werden Bildkarten in ein kleines hölzernes Theater gesteckt und die dazugehörige Geschichte vorgelesen oder erzählt. Schau doch mal, ob die Stadtbücherei in deiner Nähe das auch anbietet. Es lohnt sich!

Bildbände

Bildbände vermitteln einen lebensnahen Eindruck von der japanischen Vielfalt zwischen Tradition und Moderne. Oft findest du welche in deiner Stadtbücherei. Besonders schön:
„Japan" *von David Michaud.*
Auch die Hefte von **„Merian"** oder **„Geo Special"** haben wunderschöne Fotos und werden immer wieder aktualisiert.

Mangas

Wenn es um Japan geht, dürfen Mangas natürlich nicht fehlen. Mangas richten sich normalerweise an ein älteres Publikum. Aber es gibt auch einige erfolgreiche Serien, die für Jüngere geeignet sind. Mangas ab 10 sind z. B.: **„Dragon Ball"** von *Akira Toriyama*. **„One piece"** von *Eiichiro Oda*. **„Atelier of Witch Hat – Das Geheimnis der Hexen"** von *Kamome Shirahama.*

Tipp

Mangas werden in japanischer Leserichtung gelesen: also von hinten nach vorne und von rechts nach links. Allein das ist schon ein ungewohntes Erlebnis. Du solltest es unbedingt ausprobieren.

Sehenswerte Filme

Am besten verschaffst du dir zum Einstieg in das Thema „Japan“ einen ersten Eindruck mithilfe eines Dokumentarfilms. Im Internet findest du viele Filme unter den Stichworten „Doku Japan“. Die Doku von „Terra X“ ist toll. Japans Filmindustrie ist eine der größten und einflussreichsten der Welt. Viele Klassiker, die wir auch im Westen kennen, sind dort entstanden – z. B. **Godzilla**.

Und dann gibt es natürlich noch die Animes (kurz für Animation), also japanische Zeichentrickfilme. Die meisten kommen aus dem Studio Ghibli, das so etwas wie das japanische Gegenstück zu Walt Disney ist. Während Walt Disney seine Filme aber hauptsächlich für Kinder macht, richten sich Animes an alle Altersstufen. Sie eignen sich also prima für einen Familien-Kino-Abend.

Lieblings-Spielfilme

Chihiros Reise ins Zauberland,
FSK 0, persönliche Empfehlung: ab 6
Das wandelnde Schloss,
FSK 6, persönliche Empfehlung: ab 10
Mein Nachbar Totoro, *FSK 0*
Astro Boy, *FSK 6, persönliche Empfehlung: ab 8*
Arietty – Die wundersame Welt der Borger,
FSK 0, persönliche Empfehlung: ab 6
Kikis kleiner Lieferservice, *FSK 0.*

Lieblings-Serien

Pokémon, *FSK 6*
Haikyuu!!, *FSK 6*
Little witch Academia,
FSK 6, persönliche Empfehlung: ab 8

Pokémon

Wer kennt sie nicht, die kleinen Wesen mit ihren unterschiedlichen Stärken und Kräften, die von Pokémon-Trainern trainiert werden können? Pokémon war ursprünglich ein Videospiel, dann kam eine Fernsehserie hinzu. Inzwischen gibt es 23 Staffeln mit über 1.000 Folgen und eine Menge Produkte rund ums Pokémon-Universum. Stofftiere, Radiergummis, Bettwäsche ... einfach alles. Sogar ein Flugzeug der japanischen Fluggesellschaft All Nippon Airways bekam ein Pokémon-Make-over.

Hörenswerte Musik

Die japanische Musiklandschaft ist vielfältig. Man findet von spirituellen Klängen über schnulzige Balladen bis hin zum schrill-niedlichen Pop-Musik-Video und Hardrock alles. Diese Begriffe sollest du dabei kennen:

J-Pop ist die Abkürzung für Japanische Popmusik.
J-Rock ist die Abkürzung für Japan-Rock.
Kawaii Metal ist eine Mischung aus Metal und J-Pop. Kawaii ist die japanische Bezeichnung für „niedlich“.
Enka ist japanische Volksmusik.

In Japan ist Karaoke sehr beliebt

Man sucht einfach im Internet nach der Karaoke-Version seines Lieblingsliedes (Stichwort: sing along) und jedes Familienmitglied darf mal auswählen. Alle müssen mitsingen, am besten laut! Jede Menge Spaß garantiert!

Playlist

- Morinoki Kinderchor: Koinobori
- Shoko Haida: Ureshii Hinamatsuri
- Morinoki Kinderchor: Under the spreading chestnut tree
- Satako Yamano u. a.: Panda, Usagi, Koala
- Kokin Gumi: Daylight
- Anthony Davilio: Geisha
- Akita Ohako: Shogetsu Watanabe
- Hikaru Utada: One last kiss
- Mr. Children: Hanabi
- Kyary Pamyu Pamyu: Ponponpon
- AKB48: Rumors
- Jero: Elizabeth
- Babymetal: Gimme Chocolate!

Spotify Youtube

Diese und noch ein paar mehr Lieder findest du direkt auf Spotify oder Youtube, wenn du die QR-Codes scannst.

Für große und kleine Spielkinder

Gesellschaftsspiele mit japanischem Flair

Hanabi: *Kartenspiel für 2 bis 5 Personen, Spieldauer ca. 30 min, ab 8*

Kodama – Die Baumgeister: *für 2 bis 5 Spieler, Spieldauer ca. 30 min, ab 8*

Ohanami: *für 2 bis 4 Spieler, Spieldauer ca. 20 min, ab 8*

Tajuto: *Strategiespiel für 2 bis 4 Spieler, Spieldauer ca. 60 min, ab 10*

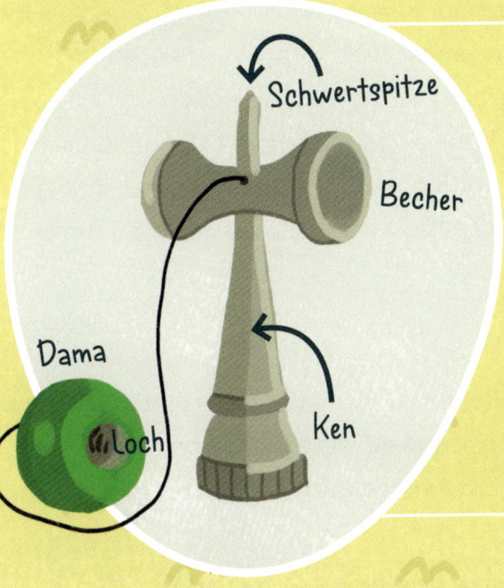

Ein beliebtes Geschicklichkeitsspiel in Japan ist **Kendama**. Es besteht aus zwei Teilen: einem Griff bzw. „Schwert" (Ken) und einer Kugel (dama). Eine Schnur verbindet diese beiden Teile. Nun soll die Kugel möglichst lange in der Luft gehalten werden, indem man sie mit den unterschiedlichen „Bechern" und der Schwertspitze auffängt. Es soll etwa 1.000 unterschiedliche Kendama-Tricks geben. Aber auch wenn du nur wenige Tricks trainierst: Kendama ist ein Riesenspaß und ein Must-have! Im Internet findest du viele Tutorials.

Wichtig: Immer schön in den Knien bleiben!

Lecker
Japanische Rezepte

Die japanische Küche ist sehr vielfältig und hat für jeden Geschmack etwas zu bieten. Grundsätzlich solltest du im Vorfeld Folgendes im Asia-Laden oder in gut sortierten Supermärkten besorgen:

- japanischen Klebereis (Sushi-Reis)
- Reisessig
- Sojasoße
- Wasabi
- Noriblätter
- Und wenn du schon mal da bist, kannst du auch gleich noch japanische Cracker für den Karaoke- oder Spieleabend und Mochi (japanische Süßigkeit) besorgen!

Natürlich Sushi!

(roher Fisch auf gesäuertem Reis)

- **250 g Reis**
- **3 EL Reisessig**
- **1 EL Zucker**
- **1 TL Salz**
- **frisches Lachsfilet, ohne Gräten und in ca. ½ cm dicke Scheiben geschnitten**
- **nach Geschmack: Wasabi (japanischer Meerrettich) und Sojasoße**

Sushi-Reis kocht man so: Reis mit kaltem Wasser so lange spülen, bis das Wasser klar bleibt. Reis mit 350 ml Wasser aufkochen und dann ca. 15 Minuten bei schwacher Hitze köcheln lassen. Den Topf vom Herd nehmen und zugedeckt ca. 10 Minuten ruhen lassen. Inzwischen 3 EL Reisessig mit 1 EL Zucker und 1 TL Salz vermengen. Unter den noch warmen Reis mischen.

Es gibt zwei Formen von Sushi: Maki und Nigiri. Beim Maki-Sushi werden Reis und Zutaten in ein Noriblatt gerollt und die Rolle dann in Scheiben geschnitten. Beim Nigiri-Sushi wird der Fisch oben auf den Reis gelegt.

Lachs-Nigiri

Den Reis formst du, indem du mit feuchten Händen kleine Kugeln rollst und ganz vorsichtig zusammendrückst bis eine ovale Form entsteht. Wer es scharf mag, streicht ein wenig Wasabi auf und drückt dann die Lachsscheiben auf den Reis. Jetzt kannst du dein Nigiri noch in ein kleines Schälchen mit Sojasoße tunken. Guten Appetit!

Lachs-Maki

Um Sushi-Rollen zu formen gibt es extra Bambusmatten. Aber wenn du diese Technik erst mal ausprobieren willst, kannst du auch Backpapier verwenden.

So rollst du Sushi:

1. Ein Noriblatt mit der rauen Seite nach oben und in Längsrichtung auf ein Backpapier legen.
2. Eine Schüssel mit Wasser und einem Schuss Reisessig bereitstellen. Die Hände darin eintunken, damit der Reis nicht an den Fingern klebt.
3. Den Reis mit den Fingern über das Blatt streichen. Dabei oben einen breiten Rand frei lassen.
4. Unten Lachsstücke in einer langen Reihe anlegen. Du kannst auch Gurken- oder Karottensticks dazutun. Oder nur mit Gemüse arbeiten. Avocado schmeckt auch lecker.
5. Hände abtrocknen, sonst klebt das Noriblatt! Dann vorsichtig von unten nach oben aufrollen und dabei darauf achten, dass du das Backpapier nicht mit einrollst.
6. Den oberen freien Rand befeuchten und die Rolle so „zukleben".
7. Mit einem scharfen Messer in Scheiben schneiden. Am besten lässt du dir hier von deinen Eltern helfen.

Tipp

Die meisten Supermärkte haben inzwischen fertige Sushi-Boxen im Kühlregal. Eine gute Alternative, vor allem wenn du einen Abend „Sushi-Tasting" einplanen möchtest. So kannst du ohne großen Aufwand in den gemischten Boxen gleich mehrere Sushi-Arten probieren.

Vorsicht Kugelfisch!

In Japan gilt der Kugelfisch (Fugu) als Delikatesse. Leider ist er hochgiftig. Er darf daher nur von speziell ausgebildeten Köchen zubereitet werden. Trotzdem gibt es immer wieder Tote nach dem Verzehr von Fugu.

Yakitori

(gegrillte Hähnchenspieße, gibt es in Japan an jeder Ecke und ist so etwas wie japanisches Fast Food)

- **Yakitorisoße (gibt's fertig zu kaufen)**
- **Hähnchenfilet (gewürfelt)**
- **Paprika, Zucchini, Lauch oder anderes Gemüse**
- **optional: Shichimi (eine japanische Gewürzmischung aus Chilipfeffer und sechs weiteren Gewürzen; wer das nicht im Haus hat und es dennoch etwas schärfer möchte, nimmt einfach ein bisschen Chilipulver)**

Zubereitung: Das gewürfelte Hähnchenfleisch abwechselnd mit dem Gemüse auf Schaschlikspieße stecken. Die Spieße auf dem Grill oder im Backofen ca. 4 Minuten grillen. Dann großzügig mit der Soße bepinseln und anschließend noch mal ca. 5 Minuten grillen, bis sie goldbraun sind. Einmal wenden. Noch einmal die Soße auftragen. Fertig! Mit Reis servieren.

So isst du mit Stäbchen:

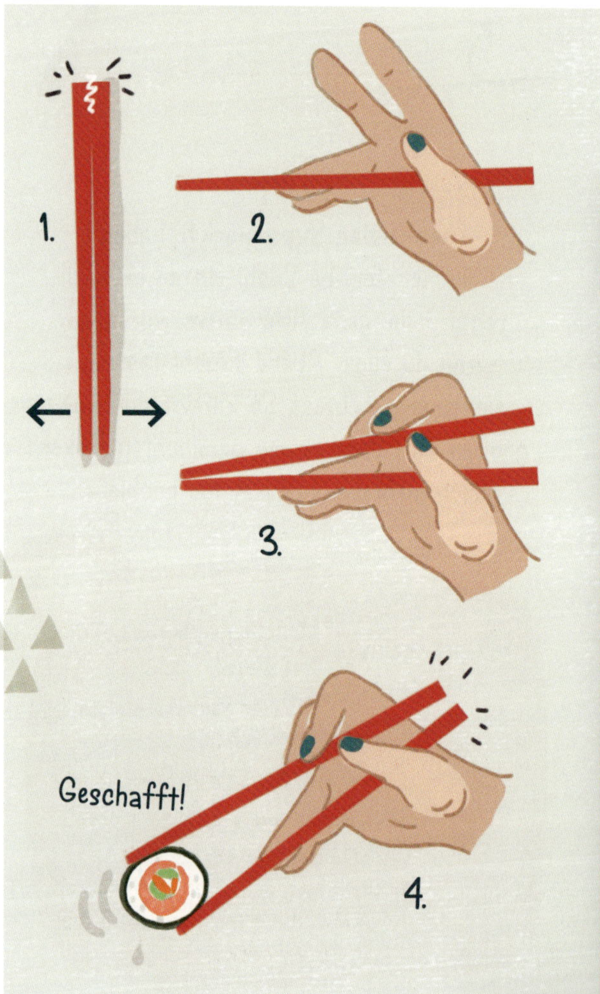

Tipp

Auf jeden Fall probieren solltest du japanische Instantnudeln, wo die doch in Japan erfunden wurden! Ihnen ist sogar ein eigenes Museum gewidmet: das Momofuku Ando Instant Ramen-Museum, benannt nach dem Erfinder der Instant-Suppen. Nudeln nach Packungsanweisung kochen und obendrauf ein gekochtes und halbiertes Ei oder ein Spiegelei geben und, wer da hat, noch ein paar Frühlingszwiebelringe. Fertig!

Japanische Souvenirs

Do it yourself

Origami ist die Kunst des Papierfaltens. Dabei werden weder Schere noch Klebstoff benutzt. Du brauchst nur ein quadratisches Blatt. Es gibt spezielles buntes Origami-Papier, du kannst dir aber auch selbst ein Blatt Papier zurechtschneiden. Am besten mit den Maßen 15 x 15 cm.

So faltest du einen Kranich:

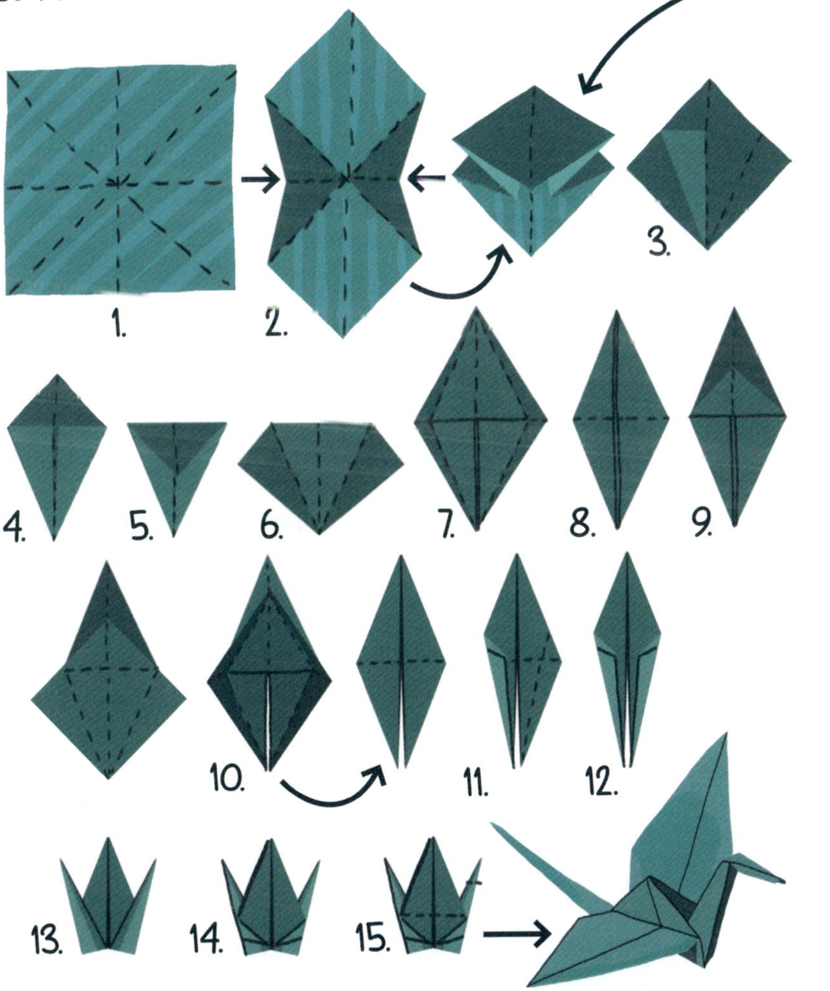

1. Das Papier zur Hälfte falten, wieder öffnen und die andere Hälfte falten. Dann jeweils von Spitze zu Spitze falten und wieder öffnen. Das ergibt vier Faltlinien.
2. Nun das Papier an den Seiten zusammenschieben, sodass die Form hier im Bild entsteht. Wichtig: Die Öffnung zeigt für den nächsten Schritt nach unten.
3. Linke und rechte Seite der oberen Lage zur Mitte falten und wieder öffnen. Papier umdrehen. Öffnung nach unten!
4. Den vorherigen Schritt nun auch auf der Rückseite wiederholen.
5. Die obere Ecke nach unten falten und die Arbeit umdrehen.
6. Die Seiten aufklappen.
7. Die offene Seite zeigt nach unten. Das Dreieck noch oben klappen. Sieht ein bisschen aus wie ein kleines Boot.
8. Die „Bootsseiten" zur Mitte hin falten.
9. Umdrehen. Die Spitze auf der Rückseite nach oben klappen. Seiten aufklappen.
10. Das „große" Dreieck ebenfalls nach oben klappen. Es entsteht wieder ein kleines Boot, dessen Seiten zur Mitte hin eingeklappt werden.
11. Linke und rechte Seite der oberen Lage zur Mitte hin falten.
12. Umdrehen und Schritt 11 wiederholen.
13. Die zwei Beine schräg nach oben knicken und wieder zurück.
14. Die „Beine" zwischen die Dreiecke schieben. Kopf und Schwanz etwas nach unten knicken.
15. Flügel nach unten falten.

Sadakos Geschichte

Als im Zweiten Weltkrieg am 6. August 1945 die Atombombe auf Hiroshima fiel, war Sadako Sasaki zwei Jahre alt. Sie überlebt und wächst anscheinend gesund auf. Doch mit zwölf Jahren erkrankt sie an Leukämie. Eine Spätfolge der Strahlenbelastung. Sie muss ins Krankenhaus. Jemand erzählt ihr von der japanischen Legende der 1.000 Kraniche. Wer 1.000 Kraniche faltet, hat einen Wunsch frei. Kraniche gelten in Japan als Symbol für ein langes Leben. Sadako beginnt im Krankenhaus voller Hoffnung Origami-Kraniche zu falten, doch obwohl sie ihr Ziel erreicht, stirbt sie am 25. Oktober 1955.

Sadakos Klassenkameraden sammeln Geld und lassen zu ihrem Gedenken das Kinder-Friedens-Denkmal in Hiroshima errichten. Noch heute senden Schulklassen aus aller Welt Papierkraniche nach Hiroshima als Zeichen des Friedens.

Tag der Jungen

Am 5. Mai wird in Japan das Karpfenfest gefeiert. Es ist der Tag der Jungen. Überall flattern Stoffkarpfen im Wind und erinnern an die Sage vom Karpfen, der einen Fluss bis zu seiner Quelle hinaufgeschwommen ist und sich dann in einen Drachen verwandelt hat. Die Koinobori, die flatternden Karpfen-Windsäcke, stehen für männliche Kraft, Mut und Widerstandsfähigkeit. Für jeden Jungen in der Familie wird ein Koinobori aufgehängt.

Du brauchst:

- 1 leere Klopapierrolle
- buntes Papier (was gerade zur Hand ist: Krepppapier, Glanzpapier oder auch ganz normales Papier geht; nur Tonpapier ist zu dick)
- ein Stück weißes Papier
- einen schwarzen Filzstift
- Krepppapier in beliebigen Farben
- Schnur oder Faden zum Aufhängen
- Schere
- Kleber
- eventuell einen Zirkel

So bastelst du einen Koinobori:

1. Die Klopapierrolle am oberen Rand mit zwei Löchern versehen und die Schnur von außen auf beiden Seiten durchfädeln, dann innen verknoten.
2. Aus dem farbigen Papier kleine bunte Kreise ausschneiden. Durchmesser: etwa 4 cm. Wer ganz sauber arbeiten mag, kann die Kreise mit dem Zirkel vorzeichnen, aber freihändig geht auch. Für kleinere Kinder am besten eine Schablone aus Pappe vorfertigen, sodass sie die Umrisse damit selbst auf ihr Papier übertragen können. Dann alle Kreise halbieren. Das sind die Fischschuppen.
3. Zwei weiße Kreise von ca. 2,5 cm Durchmesser ausschneiden. Mit dem schwarzen Filzstift einen schwarzen Punkt als Pupille in die weißen Kreise zeichnen. Das sind die Augen.
4. Kleber auf die Schuppen auftragen.
5. Nun alle ausgeschnittenen Schuppen auf die Klopapierrolle kleben. Am unteren Rand anfangen und Reihe für Reihe arbeiten. Die untersten Schuppen sollten am Rand etwas überstehen. Die zweite Reihe dann so aufkleben, dass sie sich mit der ersten Reihe überlappt. So fortfahren bis an den oberen Rand, an dem sich die Schnur befindet.
6. Die Augen zu beiden Seiten aufkleben.
7. Lange Streifen aus dem Krepppapier ausschneiden und von innen am unteren Ende der Rolle festkleben. Das ist die lange Schwanzflosse, die nachher lustig im Wind flattert.

Tipp: Man kann die Fischschuppen auch mit dicken Filzmalern auf die Rolle malen. Beim Verzieren des Fischköpers sind deiner Fantasie keine Grenzen gesetzt.

Es gibt auch einen Tag der Mädchen: Hina Matsuri

Am 3. März stellen Familien mit unverheirateten Mädchen festlich gekleidete Puppen auf. Sie repräsentieren den Kaiserhof. Wenn die Familien die Puppen bis zum nächsten Abend nicht wieder weggeräumt haben, wird die Tochter in diesem Jahr nicht heiraten, heißt es.

Du bist dran!

Finde dein Glück

In Japan gibt es drei verschiedene Schriftsysteme: **Kanji, Katakana und Hiragana.**

Kanji stehen für einzelne Wörter. Es gibt zwischen 40.000 und 50.000 dieser Schriftzeichen. Unmöglich, sie alle zu lernen. Nach der Grundschule kann ein japanischer Schüler ungefähr 1.000 Kanji schreiben.

Hier siehst du das **Kanji** für Freund_in

友

Male es nach

Hiragana ist eine Silbenschrift, mit der japanische Kinder anfangen schreiben zu lernen.

ま **= ma**

Findest du mithilfe eines Online-Übersetzungsprogramms heraus, wie dein Name in Hiragana aussieht? *Schreib ihn hier auf:*

↓

In Japan steht zuerst der Nach- und dann der Vorname.

Kalligrafie

ist die Kunst des Schönschreibens. Für Japaner ist das Schönschreiben sehr wichtig.

Japaner sind sehr abergläubisch und haben viele Glücksbringer. Zum Beispiel den **Daruma**. Er soll ihnen Wünsche erfüllen. Zum Wünschen malst du ein Auge des Darumas aus und denkst dabei fest an deinen Wunsch. Wenn der Wunsch in Erfüllung gegangen ist, malst du das zweite Auge aus.

Traditionell ist der Daruma rot und steht für allgemeine Wünsche. Aber inzwischen gibt es auch andere Farben.

In welcher Farbe möchtest du deinen Daruma ausmalen?

- **Rot**: allgemeine Wünsche
- **Weiß**: Talent und Vorankommen
- **Gelb**: Freude
- **Grün**: Gesundheit und Sicherheit
- **Rosa**: Liebe und Heirat
- **Gold**: Geld und Glück
- **Schwarz**: Wohlstand und Schutz vor Bösem

Hier ein Beispiel

Australien

Die Regenbogenschlange

Vor langer Zeit, in der Traumzeit, wanderten die Menschen über die Erde. Außer den Menschen war nichts. Keine Büsche oder Bäume, keine Vögel oder Tiere auf dem Land. Die Erde war flach und unbelebt.

Tief im Erdboden schlummerte die Regenbogenschlange. Eines Tages erwachte sie aus ihrem Schlaf und brach durch die Erddecke. Sie ging auf Wanderschaft und schlängelte sich von Süd nach Nord und von West nach Ost. Ihre Kriechspuren gruben Täler in den flachen Boden. So formte sie die Landschaft. An einigen Orten sprudelte Wasser aus dem Erdreich und füllte ihre Spur. So schuf sie die Flüsse.

Sie war lange Zeit unterwegs gewesen, da trug der Wind Geräusche mit sich. Die Regenbogenschlange hörte Lachen, Gesang und Tanz. „Das muss ich mir näher ansehen“, beschloss sie.

Sie entdeckte einen Stamm, der ein Fest feierte. Die Menschen tanzten und sangen. Die Regenbogenschlange sah ihnen aus einem Versteck zu. Vielleicht ist das mein Stamm, dachte sie, kroch hervor und zeigte sich den Menschen.

Die Menschen hießen die Regenbogenschlange willkommen. „Tanz mit uns“, luden sie sie ein. Und die Regenbogenschlange tanzte mit ihnen, bis sie müde wurde.

Da zog ein Gewitter auf, Regen prasselte herab. Schnell suchten die Menschen Unterschlupf in ihren Zelten. Auch die Regenbogenschlange kroch in ein Zelt.

Mitten in der Nacht kehrten zwei Jungen heim. Sie wollten im Zelt ihrer Großmutter Schutz vor dem Regen finden. Aber diese sagte: „Ich kann euch nicht helfen. Mein Zelt ist voll. Ich habe keinen Platz mehr für euch“, und schickte sie weg. Die Jungen klopften

an ein anderes Zelt. „Lasst uns herein, hier draußen stürmt und regnet es", riefen sie. Aber auch dieser Unterschlupf war schon besetzt. Schließlich kamen sie an das Zelt, in dem die Regenbogenschlange schlief. Die Jungen weckten sie auf. „Lass uns herein", flehten sie die Schlange an. Die Regenbogenschlange gähnte, betrachtete die Jungen und sagte: „Na schön. Ich will euch hereinlassen." Sie sperrte ihr Maul auf und ließ sie eintreten. Direkt in ihren Rachen hinein. Dann verschluckte sie die Jungen.

In der Nacht begann die Regenbogenschlange sich Sorgen zu machen. Wie die Menschen wohl reagieren würden, wenn sie feststellten, dass sie die Jungen gefressen hatte? Noch vor dem Morgengrauen brach sie auf und verließ den Stamm.
Als die Menschen erwachten, fragten sie sich, in wessen Zelt die Jungen gekrochen waren. Sie mussten feststellen, dass die beiden verschwunden waren - genau wie die Regenbogenschlange. Wütend machten sie sich auf die Suche nach der Schlange und den Jungen.

Sie fanden die Regenbogenschlange schlafend, hoch oben in den Bergen.
„Wir schneiden sie auf", beschlossen die Stammesmitglieder. Leise schlichen sie sich an die Schlange heran und schlitzten ihr den Bauch auf. Heraus kamen die Jungen. Sie hatten sich in Papageien verwandelt, bunt wie die Regenbogenschlange selbst. Aufgeregt flatterten sie davon.
Als die Regenbogenschlange aufwachte und feststellte, dass man ihr den Bauch aufgeschnitten hatte, wurde sie sehr, sehr böse. „Na wartet", rief sie den Menschen zu, „so einfach kommt ihr mir nicht davon."

Die Regenbogenschlange ließ die Erde erzittern. Sie bebte so stark, dass Steinbrocken von den Bergen abbrachen und über das Land geschleudert wurden. Die Menschen rannten voller Angst davon. Während sie versuchten, sich vor der Wut der Regenbogenschlange zu verstecken, verwandelten sie sich in Bäume, Vögel und andere Tiere.

Irgendwann war der Rachedurst der Regenbogenschlange gestillt. Sie ging ins Meer und ließ die Menschen mit ihren Brüdern und Schwestern, die jetzt Pflanzen und Tiere waren, auf der Erde zurück.

Australien
in Zahlen und Fakten

Australien ist gleichzeitig ein Land, eine Insel und ein Kontinent – genau genommen das sechstgrößte Land, die größte Insel und der kleinste Kontinent der Welt. Australien wird auch „Down under" (deutsch: „untendrunter") genannt, weil es von uns aus gesehen ganz unten auf der Weltkugel liegt. Die meisten Menschen leben in der Nähe der Küste, denn das Landesinnere besteht aus einer riesigen Wüste. Dort wird es sehr heiß, bis zu 50 °C. Aber auch im Rest Australiens ist es meistens warm. Man kann das ganze Jahr über irgendwo an einem der 7.000 Strände baden oder surfen gehen. „Weit draußen", also im „Outback", ist das Leben hart. Hier siedeln Farmer mit riesigen Schaf- oder Rinderherden mehrere Hundert Kilometer von der nächsten Schule oder dem nächsten Krankenhaus entfernt. Darum werden die Kinder über Funk oder über das Internet unterrichtet. Wenn jemand krank wird, eilen die „Flying Doctors" mit dem Flugzeug zu Hilfe. Australien hat eine einzigartige Tierwelt: Nur hier gibt es Kängurus, Wombats und Koalas. Aber auch viele giftige Tierarten.

Australien war mal eine Sträflingskolonie. Weil in England die Gefängnisse voll waren, brachte man die Gefangenen nach Australien. Der jüngste Strafgefangene war erst 12 Jahre alt.

Der Uluru/Ayers Rock ist der größte Fels der Welt.*

Wie in England wird auch in Australien links auf der Straße gefahren.

Die längsten Lastwagen der Welt fahren durchs Outback. Sie ziehen mehrere Anhänger, wiegen 135 Tonnen und sind bis zu 53 m lang. Sie werden auch „roadtrains" (dt.: Züge auf der Straße) genannt.

Der längste Zaun der Welt ist 5.615 km lang und soll die australischen Schafherden vor Dingos schützen.

Kinder tragen Schuluniformen und dürfen in der Pause nur dann auf den Schulhof gehen, wenn sie einen Hut aufsetzen, damit sie keinen Sonnenstich kriegen.

Australien ist mit seinen vielen giftigen Spinnen, Schlangen und Quallen das giftigste Land der Welt.

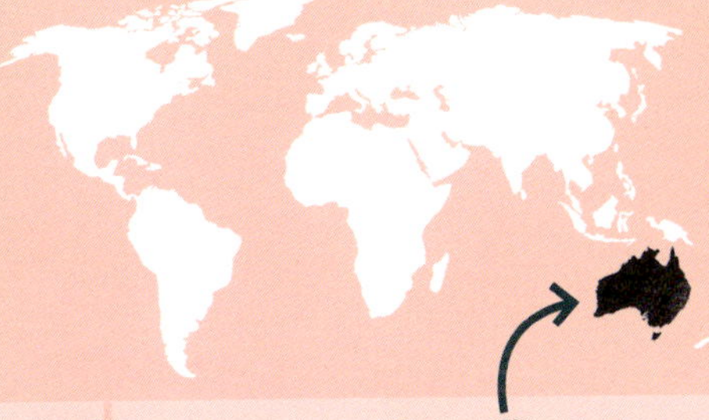

Deutschland: 12 Uhr — AUS: 20 Uhr

- **Flagge:** Links oben der Union Jack als Symbol der Zugehörigkeit zu Großbritannien, rechts das Sternbild „Kreuz des Südens"
- **Hauptstadt:** Canberra
- **Einwohnerzahl:** ca. 26.000.000
- **Fläche:** ca. 7.692.000 km² (in etwa 21-mal so groß wie Deutschland)
- **Luftlinien-Entfernung zwischen Berlin und Canberra:** 16.074 km
- **Währung:** Australischer Dollar
- **Hauptreligion:** Christentum
- **Regierungsform:** parlamentarische Monarchie
- **Durchschnittliche Lebenserwartung:** 84 Jahre
- **Sprache:** Englisch
  hallo = g'day
  bitte = please
  danke = thank you

Typisch
Australien

Die **Aborigines** waren die ersten Bewohner Australiens. Sie lebten schon vor 50.000 Jahren auf dem Kontinent. Sie waren in Gruppen organisiert und haben ihre Lebensweise an das Klima angepasst. Ihre Kultur ist die älteste der Welt. Als James Cook 1770 Australien entdeckte, begann eine schlimme Zeit für sie. Die Einwanderer nahmen ihnen das Land weg, viele Aborigines starben an eingeschleppten Krankheiten. Heute machen die Aborigines nur noch 2 % der Gesamtbevölkerung aus. Lange Zeit wurden sie unterdrückt. Man nahm ihnen die Kinder weg und gab sie in weiße Familien, um sie „einzubürgern". 2008 entschuldigte sich die australische Regierung offiziell bei den Aborigines. Die meisten leben heute in den Städten, einige leben nach alten Sitten im Outback.

Das **Dreaming** oder die Traumzeit umfasst alle Schöpfungs- und Glaubensgeschichten der Aborigines. Übernatürliche Wesen hauchten der Erde Leben ein, gaben ihr Wissen an die Menschen weiter und beauftragten sie über ihre Schöpfung zu wachen. Jeder Fels, jede Pflanze, jedes Tier stammt aus dem Dreaming. Einige Stätten sind den Aborigines besonders heilig. Zum Beispiel der rote Fels Uluru.

Das **Great Barrier Reef** (deutsch: das Große Barriereriff) erstreckt sich über 2.300 Kilometer an der nordöstlichen Küste Australiens. Es ist das größte Korallenriff der Erde. Korallen bestehen aus winzigen Korallentieren, den Polypen. Sie sondern Kalk ab und formen so ein riesiges gemeinsames Außenskelett, das wir Koralle nennen. Schau im Internet unter „Wie entstehen Korallen" nach. Dann findest du einen kurzen Film, der dir das ganz genau erklärt. Das Riff ist zum Weltnaturerbe erklärt worden, aber ob ihm das hilft? Durch die Erwärmung des Meeres verbleichen die Korallen nämlich, sterben und das Riff schrumpft.

Boxende **Kängurus** stehen für den Kampf- und Sportsgeist der Australier. Und tatsächlich boxen Kängurus sich auch in echt. Wenn zwei Männchen ausmachen wollen, wer der Stärkere von ihnen ist, stellen sie sich auf die Hinterbeine und gehen im „Kickboxing"-Style aufeinander los. Ein aufgerichtetes Känguru ist ungefähr so groß wie ein Erwachsener und kann bis zu 9 m weit springen. Kängurus sind die größten lebenden Beuteltiere. Neugeborene Kängurus sind etwa so groß und schwer wie ein Gummibärchen. Ihre Mutter trägt sie für mindestens 6 Monate im Beutel mit sich.

Tasmanien ist einer von sechs australischen Bundesstaaten und eine Insel. Sie liegt an der südlichen Spitze des Kontinents. Nur hier gibt es den Tasmanischen Teufel. Ein kleines schwarzes Beuteltier mit äußerst scharfen Zähnen.

Jillaroos und Jackaroos sind australische Cowgirls und Cowboys in Ausbildung. Woher der Name stammt, weiß man nicht so genau. Vielleicht setzt er sich aus den Vornamen Jack für einen Jungen und Jill für ein Mädchen und dem Wort Kangaroo zusammen. Da die australischen Farmen so riesig sind, schwingen die Jillaroos und Jackaroos sich heute aber nicht mehr unbedingt auf Pferde, um die Rinder- oder Schafherden zusammenzutreiben, sondern auf Motorräder.

So gechillt wie die Australier

Australier sind entspannt, meistens gut gelaunt und optimistisch. „No worries" (deutsch: Mach dir keine Sorgen) lautet ein oft zitierter Spruch. Wenn etwas schiefgeht, ist es halb so wild. Einfach noch mal probieren. Australier haben einen ausgeprägten Sinn für Humor.
Sie veräppeln gerne andere – vor allem Touristen –, können aber auch über sich selbst lachen. Sich selbst und das Leben nicht zu ernst zu nehmen, gehört zur typischen australischen Lebensart. Angeber oder aufdringliche Menschen sind in Australien nicht so gern gesehen. Aber wenn ein Australier dich ins Herz geschlossen hat, dann für immer.
Nachbarschaftshilfe wird großgeschrieben und auch Ausländern gegenüber sind Australier sehr hilfsbereit. Man begrüßt sich locker und formlos mit einem fröhlichen „G'day" (deutsch: Guten Tag) oder „Hey, mate" (deutsch: Hallo, Kumpel). Australier sind sehr sportlich. Wellenreiten, Australian Football und das von England übernommene Kricket gehören zu ihren Lieblingssportarten.

Australien
lesen, sehen, hören

Lesenswerte Bücher – eine ganz persönliche Auswahl

Sachbücher

„Das Great Barrier Reef" von *Hellen Scales*

„James Cook: Abenteuer! Die Suche nach dem Paradies" von *Maja Nielsen*

„Für Eltern verboten: Australien. Der cool verrückte Reiseführer" von *Janine Scott und Peter Rees*

Bilderbücher – auch für Ältere schön zum Anschauen und Lesen

„Trau dich, Koalabär" von *Rachel Bright*

„Tagebuch eines Babywombat" von *Jackie French*

„Wombats erster Schultag" von *Jackie French*

Bücher ab 6

„Das kleine Känguru" *von Paul Maar*

„Der kleine Drache Kokosnuss in Australien" von *Ingo Siegner*

„Rufus und sein Schnabeltier" von *Michael Engler*

Bücher ab 8

„Weltreise Australien: Paula und die Wüstenflamme" von *Jana Steingäßer*

„Der Billabongkönig" von *Matthias Kröner*

„Das magische Baumhaus: Rettung in der Wildnis" von *Mary Pope Osborne*

Bücher ab 10

„Pri und der unterirdische Garten" von *Mat Larkin*

„Das verrückte Baumhaus – mit 13 Stockwerken" von *Andy Griffiths*

„Grk auf heißer Spur in Australien" von *Joshua Doder*

„Das Gift des Oktopus: Die Erben der Animox 2" von *Aimée Carter*

Bildbände

Das **Heft 06/2020 von GEO Special** zu „Australien" *von Christoph Kucklick und Markus Wolff* hat tolle Bilder.

Die Stadtbücherei ist immer ein guter Anlaufpunkt. Dort kannst du weiter zu Australien stöbern und findest auch Bücher, die deine Buchhandlung nicht mehr vorrätig hat.

Sehenswerte Filme

Am besten verschaffst du dir zum Einstieg in das Thema „Australien" einen ersten Eindruck mithilfe eines Dokumentarfilms. Im Internet findest du viele Filme unter den Stichworten „Doku Australien". Probiere auch „Galileo Australien". Wenn du mehr über die Aborigines erfahren willst, ist die Folge 3.3 der Serie **„Tales by light"** sehenswert. Dort geht es um die „Erhaltung indigener Kulturen". Und wenn du dir traditionelle Tänze der Aborigines anschauen möchtest, dann gib „Aboriginal dance" im Internet ein. Aus der Reihe **„Es war einmal … Abenteurer und Entdecker"** ist Folge 20, **Stuart & Burke – Mitten durch Australien**, sehr informativ.

Lieblings-Spielfilme

Zurück ins Outback, *FSK 0,*
persönliche Empfehlung: ab 6
Findet Nemo, *FSK 0, persönliche Empfehlung: ab 6*
Blinky Bill – Das Meer der weißen Drachen,
FSK 0, persönliche Empfehlung: ab 6
Red dog, *FSK 6*
Ride like a girl, *FSK 0, persönliche Empfehlung: ab 8*
Phar Lap, *FSK 6*

Lieblings-Serien

Izzy und die Koalas, *FSK 0, (Doku, wahre Geschichte)*

Go wild! Mission Wildnis, *FSK 0*:
- **Das Schnabeltier-Omelett** (Folge 1.6),
- **Wenn man vom Tasmanischen Teufel spricht** (Folge 1.13),
- **Kickboxen mit Kängurus** (Folge 1.18),
- **Ein Koala in der Wüste** (Folge 1.21)

Club der magischen Dinge, *FSK 0,*
persönliche Empfehlung: ab 6
Maeverix, *FSK 6*
H2O – Plötzlich Meerjungfrau, *FSK 6,*
persönliche Empfehlung: ab 8

Hörenswerte Musik

Das **Didgeridoo** gehört zu den ältesten Musikinstrumenten der Welt. Jedes dieser Blasinstrumente klingt anders.

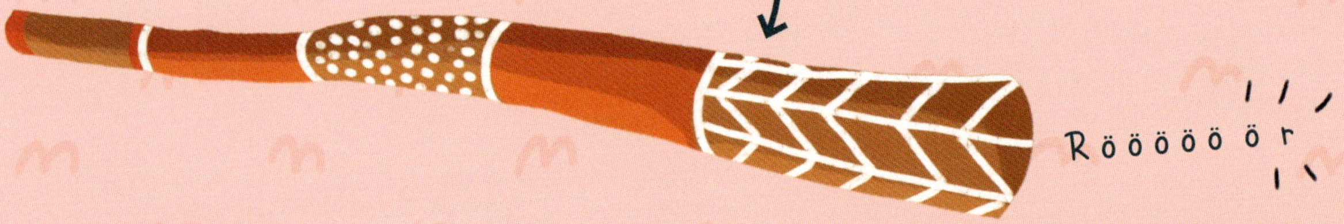

Spotify | Youtube

Playlist

- Don Spencer: Digeridoo
- Jay Laga'aia: Never smile at a crocodile
- ABC Kids: Kookaburra sits in the old gum tree
- The Wiggles: Waltzing Matilda
- ABC Kids: Along the road to Gundagai
- John Williamson: Old Man Emu
- Andrew DeTeliga: Children of the dreamtime
- Australia Aborigional: The southern cross
- The Seekers: I am Australian
- Gurrumul: Wiyathul
- Yothu Yindi: Djapana
- Kylie Minogue: The Loco-Motion
- Midnight Oil: Beds are burning
- Men at work: Down under
- AC/DC: Thunderstruck
- Vance Joy: Riptide
- Tones and I: Dance monkey
- Sia: Floating through Space

Diese und noch ein paar mehr Lieder findest du direkt auf Spotify oder Youtube, wenn du die QR-Codes scannst.

Tipp

Kannst du auf einem Grashalm pfeifen? Gar nicht so einfach, oder? Die Aborigines pfeifen gleich ganze Lieder auf Eukalyptusblättern. Beeindruckend! Schau es dir im Internet an unter den Stichworten „gum leaf playing".

Für große und kleine Spielkinder

Gesellschaftsspiele mit australischem Flair

Outback crossing, *Legespiel für 2 bis 6 Spieler, Spieldauer: 30 min, ab 8*
Australia, *Strategiespiel für 2 bis 5 Spieler, Spieldauer: ca. 60 min, ab 10*
Uluru, *für 2 bis 5 Spieler, Spieldauer: ca. 30 min, ab 8*
Manimals Australien, *Kartenspiel für 2 bis 6 Spieler, Spieldauer: ca. 15 min, ab 6*

Der **Bumerang** ist eigentlich eine Jagdwaffe. Die australischen Ureinwohner erlegten mit diesem Wurfholz Kängurus und andere Tiere. Heute dient er aber vor allem als Sportgerät. Es ist nicht ganz einfach, einen Bumerang so zu werfen, dass er im Kreis fliegt und zu dir zurückkommt. Im Internet findest du unter „Bumerang werfen für Anfänger" einige Erklärvideos. Versuch es mal, aber halte ausreichend Abstand zu anderen. Den Rekord über den am weitesten geworfenen zurückkehrenden Bumerang hält übrigens ein Schweizer. Manuel Schütz warf seinen Bumerang über 238 m.

In Australien wird eine ganz besondere Variante des **Football** gespielt. Beim Australian Football darf der eiförmige Ball nicht geworfen, sondern nur gekickt oder mit der Faust weitergeschlagen werden. Beim Laufen muss der Ball geprellt werden, und man darf andere Spieler umwerfen, um sich den Ball zu schnappen. Es ist eine wilde Mischung aus Rugby, Basketball und Ringkampf.

Lecker
Australische Rezepte

Vegemite ist ein salziger brauner Brotaufstrich aus Bierhefe. Er schmeckt ein bisschen, als würde man sich Maggi-Würze aufs Brot schmieren. Sehr gewöhnungsbedürftig, aber wenn man Australier nach einem landestypischen Essen fragt, dann lautet die Antwort ganz bestimmt: ein Vegemite-Sandwich.

Die demokratische Wurst

Würstchen auf einer zusammengeklappten Scheibe Weißbrot gibt es überall und zu jeder Gelegenheit in Australien. Nachdem man wählen gegangen ist, bekommt man zur Belohnung am Ausgang des Wahllokals sogar eins geschenkt. Darum hat die australische Bratwurst auch den Spitznamen „Demokratie-Wurst" bekommen. Doch nicht nur die Wurst motiviert die Australier wählen zu gehen. Wer nicht wählt, muss Strafe zahlen. In Australien herrscht nämlich Wahlpflicht.

Für ein typisch australisches Würstchen auf Brot, brauchst du:

- **1 Zwiebel**
- **2 El Öl**
- **Salz und Pfeffer**
- **1 Bratwurst**
- **1 Scheibe Weißbrot oder Toast (nicht getoastet!)**
- **Barbecuesoße oder Ketchup**

Und so geht's:

1) Die Zwiebeln in Ringe schneiden.
2) In einer Schüssel mit dem Öl, dem Salz und dem Pfeffer gut mischen.
3) Zwiebeln auf Backpapier und bei 160 °C für 25 min in den Backofen schieben.
4) Inzwischen die Würstchen auf den Grill legen oder auch einfach in der Pfanne anbraten.
5) Jetzt das Würstchen diagonal auf deine Brotscheibe legen und die Scheibe zusammenklappen, sodass ein Dreieck entsteht.
6) Die gerösteten Zwiebeln darübergeben.
7) Obendrauf Barbecuesoße. Wenn du die nicht so gern magst, kannst du auch Ketchup nehmen.

Info

Im kargen australischen Busch ist Essbares nur schwer zu finden. Die Aborigines wussten sich aber schon immer zu helfen. Sie ernährten sich unter anderem von den sehr eiweißreichen Witchetty-Maden – egal, ob roh oder gebraten. Inzwischen muss man aber nicht mehr unbedingt selbst im Outback nach diesem typischen Buschessen suchen, man kann die Witchelly-Maden z. B. als Dosensuppe im Supermarkt kaufen.

Lamingtons

Lamingtons sind in Schokolade getunkte Kuchenwürfel und eine typische australische Süßigkeit. Ihr Namensgeber war Lord Lamington, der Gouverneur von Queensland. Es gibt unterschiedliche Geschichten zur Erfindung des Nachtischs. Dem Lord soll aus Versehen ein Kuchenstück in Schokolade gefallen sein und, ta-da, die Lamingtons waren geboren. Es wird aber auch erzählt, dass der Lord unangekündigten Besuch bekam, und weil sein Koch nichts als alten Kuchen dahatte, tunkte er ihn kurzerhand in Schokolade und rollte ihn in Kokosraspeln, um ihn als „frischen" Kuchen auszugeben.

Du brauchst:

- **6 Eier**
- **150 g Zucker**
- **200 g Mehl**
- **½ Pck. Backpulver**
- **30 g geschmolzene Butter**

Für den Guss:

- **150 g Zartbitterschokolade (oder Vollmilch, wenn du das lieber magst)**
- **100 ml Sahne**
- **50 g Kokosraspeln**

Und so geht's:

1) Den Ofen auf 180 °C vorheizen und eine Backform (ca. 36 x 24 cm) mit Backpapier auslegen.
2) Die Eier mit einem Mixer auf höchster Stufe lange aufschlagen (ca. 4 min). Die Masse soll schön luftig sein und schäumen.
3) Nach und nach den Zucker unterrühren.
4) Das Mehl mit dem Backpulver vermengen und ebenfalls nach und nach unterrühren. Nicht mehr zu viel rühren, damit der Teig luftig bleibt.
5) Zum Schluss die Butter unterrühren.
6) Alles in die Form geben und 30 min backen, bis der Kuchen goldbraun ist.
7) Etwas abkühlen lassen, aus der Backform nehmen und den abgekühlten Kuchen in großzügige Würfel schneiden.
8) Für den Guss die Sahne in einen kleinen Topf geben, die Schokolade klein hacken und in der Sahne schmelzen. Nicht kochen lassen!
9) Einen tiefen Teller mit den Kokosraspeln bereitstellen.
10) Mit einer Gabel einen Kuchenwürfel aufspießen und in die geschmolzene Schokolade tunken. Topf leicht schräg halten, damit der ganze Kuchen bedeckt wird. Kurz über dem Topf abtropfen lassen, damit keine Schokolade mehr fließt.
11) Über den Teller mit den Kokosraspeln halten und mit der anderen Hand die Kokosraspeln über die Schokolade rieseln lassen.
12) Am besten auf einem Kuchengitter oder aber auf einem Teller trocknen lassen.

Australische Souvenirs
Do it yourself

Ein anhänglicher Kerl

Koalas leben hoch oben in Bäumen. Sie ernähren sich ausschließlich von Eukalyptusblättern. Wenn sie satt und müde sind, klammern sie sich an einem Ast fest und machen ein Nickerchen. Das tun sie bis zu 20 Stunden am Tag. Koalas sind übrigens keine Bären, sondern wie die Kängurus Beuteltiere. Wenn die Jungen den Beutel der Mutter verlassen, hängen sie sich an den Rücken oder den Bauch der Mutter und lassen sich von ihr tragen. Wegen der vielen Brände, die ihren Lebensraum vernichten, gelten die Koalas inzwischen als gefährdet.

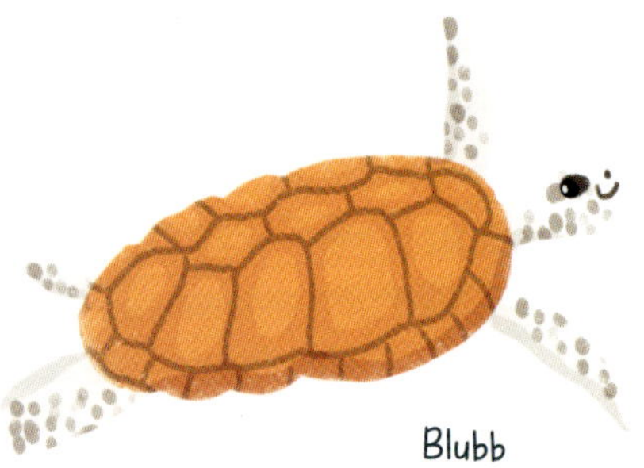

Ein Koala als Schlüsselanhänger

Du brauchst:

- Modelliermasse (z. B. Fimo) in den Farben Grau, Schwarz und Weiß
- stumpfes Messer
- Zahnstocher
- Teelöffel
- Schrauböse oder einen Draht
- eventuell eine Zange zum Biegen des Drahtes

1. Aus der grauen Modelliermasse formst du eine große Kugel für den Kopf und eine kleine für den Bauch.
2. Dann brauchst du noch zwei graue Rollen für die Beine und zwei etwas größere für die Arme.
3. Für die Ohren formst du wieder eine kleine graue Kugel. Die schneidest du in der Mitte durch und drückst auf der runden Seite deinen Daumen hinein.
4. Nimm die kleine Bauch-Kugel und kratze mit dem Stiel des Löffels eine Kuhle in die Vorderseite.
5. Als Nächstes füllst du diese Kuhle mit weißer Modelliermasse.

So bastelst du einen Koala:

6. Rolle zwei weiße Kügelchen, drücke sie platt und presse sie auf die Innenseite der Ohren.
7. Nun alle Körperteile wie in der Zeichnung angegeben zusammenfügen. Andrücken und mit dem Zahnstocher die Fugen ein wenig verschmieren, damit alles gut zusammenhält.
8. Für die Augen formst du zwei kleine schwarze Kugeln und drückst sie deinem Koala leicht ins Gesicht.
   Für die Nase formst du noch mal eine Kugel, drückst sie platt und schneidest mit dem Messer ein längliches Dreieck aus.
   Für den Mund rollst du eine dünne Wurst und drückst sie auf das Gesicht. Mundwinkel nach oben, damit dein Koala freundlich guckt.
9. Als Aufhänger steckst du eine Schrauböse oben in den Kopf. Du kannst dir aber auch ein Stück Draht zurechtbiegen. Oben eine Öse biegen und im unteren Teil den Draht im Zickzack biegen, damit er besser in der Modelliermasse hält.
   Zum Schluss den fertigen Koala im Backofen aushärten. Dazu die Angaben des Herstellers der Modelliermasse beachten.

Es summt und brummt über deinem Kopf

Wenn du einem Didgeridoo oder einem Eukalyptusblatt Töne entlocken willst, brauchst du viel Übung. Aber ein Schwirrholz macht es dir leicht. Du musst es nur an einer langen Schnur über deinem Kopf kreisen lassen und je nach Form und Geschwindigkeit hörst du ein Brummen oder Summen. Die Aborigines verwenden dieses Instrument in ihren Zeremonien.

Du brauchst:

- eine dünne Holzleiste (ca. 0,5 cm x 6 cm x 20 cm). Holzreste gehen auch, die musst du eventuell nur stärker in Form sägen.
- Schraubzwinge
- Laubsäge
- einen Bleistift
- Feile oder Raspel
- Schmirgelpapier
- Handbohrer mit Holzbohrer
- 1 m lange feste Schnur, z. B. Paketschnur

Wie hört es sich an?

So bastelst du ein Schwirrholz:

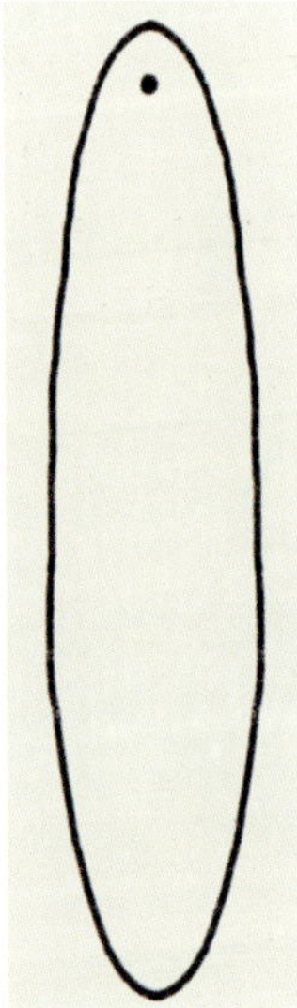

1. Zeichne die Form deines Schwirrholzes mit dem Bleistift auf der Holzleiste vor. Die Enden kannst du spitz oder rund zusägen. Spitz ist leichter zu sägen, aber das Ende, an dem die Schnur befestigt wird, sollte besser rund sein, damit die Schnur nicht auf eine Seite rutscht.
2. Klemme die Holzleiste mit der Schraubzwinge an einem alten Tisch oder einer Werkbank fest.
3. Säge nun die beiden Enden zurecht, so wie du sie dir eingezeichnet hast.
4. Als Nächstes glättest du die Kanten und Enden. Erst grob mit der Raspel oder der Feile, dann mit dem Schmirgelpapier nacharbeiten. Je glatter, umso besser „schwirrt" es.
5. Bohre jetzt mit dem Handbohrer ca. 3 cm vom runden Ende her ein Loch in dein Schwirrholz.
6. Fädle die Schnur durch das Loch und verknote sie gut.
7. Wenn du magst, kannst du dein Schwirrholz noch bunt verzieren.
8. Wenn du es ausprobieren willst, sorge dafür, dass du ausreichend Platz hast. Am besten geht das draußen.
9. Halte nun das Ende der Schnur in der Hand und lass das Schwirrholz am anderen Ende mit viel Schwung kreisen. Zum Üben erst mal vor deinem Körper, dann über deinem Kopf.

Du bist dran!
Sterne, Punkte, gute Laune

Gelb, Braun, Rot, Schwarz und Weiß

sind die traditionellen Farben der Aborigines. Sie benutzen sie bei ihren Zeremonien, bemalen damit ihre Körper und Felswände. Es ist noch gar nicht so lange her, dass die Aborigines anfingen, ihre Geschichten aus dem Dreaming auch auf Leinwänden festzuhalten – häufig im Stil des Dot-Paintings, also der **„Punkte-Malerei“**.

Hier ein Beispiel

Hier hast du Platz, um diese Technik selbst auszuprobieren. Welches Tier in Australien beeindruckt dich besonders? Mal es mit Punkten und in den Farben der Aborigines.

Malen mit Erdfarben

Die Aborigines haben die Farben benutzt, die sie in der Natur gefunden haben. Versuch es auch mal. Such dir draußen an verschiedenen Stellen Erde. Zu Hause rührst du jede Erdprobe in einem anderen Becher mit Wasser an. Dabei soll eine cremige Paste entstehen. Sie darf auch grobkörnig sein. Nun kannst du mit einem Pinsel auf einem großen weißen Blatt Papier Muster malen und trocknen lassen.

Mach ein Foto von deinem Schlafplatz draußen und klebe es zur Erinnerung hier ein.

Challenge: Schlafen unter freiem Himmel

Der Sternenhimmel im Outback ist so klar wie kaum anderswo auf der Welt. Denn die Dunkelheit wird durch keine anderen Lichtquellen in der Nähe durchbrochen. Auch wenn das bei dir zu Hause nicht der Fall ist, ist es doch ein ganz besonderes Gefühl, unter freiem Himmel zu schlafen. Probiere es aus. Auf dem Balkon, im Garten, auf dem Trampolin … Nimm deinen Schlafsack und mach es dir unter den Sternen gemütlich. Vielleicht träumst du vom australischen Outback.

No worries, mate!

Versuch, diese Woche alles möglichst positiv zu sehen.

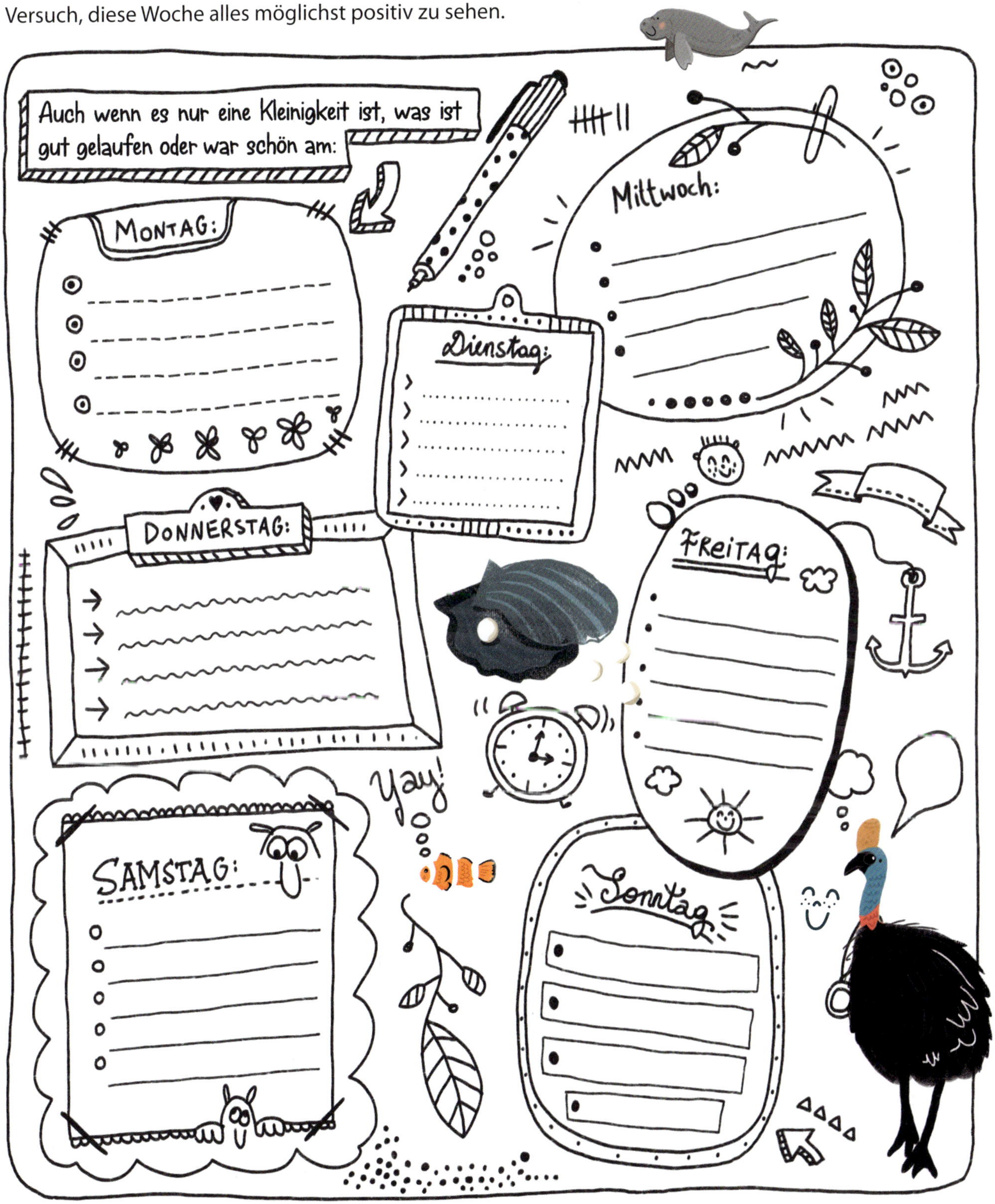

Anhang

Wochenplan

So könnte es aussehen, wenn ihr eine Woche zu Hause in Japan verbringt:

	Essen	Aktivität	Unterhaltung
Freitag	Ramen	Spaziergang und Ikebana	Fazit ziehen: Was hat euch an der Woche am besten gefallen?
Samstag	Sushi	Sadakos-Geschichte lesen oder sich über sie informieren; Origami-Kraniche basteln	Doku über Japan schauen
Sonntag	Yakitori-Spieße	Kendama spielen	Anime-Film anschauen
Montag	Japanische Reispfanne	Gesellschaftsspiel spielen	Kurze Filme anschauen über Sumos, Samurai oder was euch sonst noch interessiert
Dienstag	Teezeremonie mit Matcha und Mochi	Klorollen-Karpfen basteln	Die japanische Musiklandschaft erkunden
Mittwoch	Instant-Nudeln	Karaoke-Abend	Anime-Serie schauen
Donnerstag	Lachs-Yakitori	Gesellschaftsspiel spielen	Japanischen Film schauen

Diese Seite kannst du dir kopieren und für die Planung deiner nächsten Reise zu Hause nutzen.

Reiseziel: ....

	Essen	Aktivität	Unterhaltung
Freitag			
Samstag			
Sonntag			
Montag			
Dienstag			
Mittwoch			
Donnerstag			

Welche Länder hast du bereits kennengelernt?

Male sie aus.

Danksagung

Der größte Dank gebührt meiner Familie. Denn ohne euch wäre dieses Buch nie entstanden. Im ersten Jahr der Pandemie fingen wir an, gemeinsam die Welt von zu Hause aus zu bereisen. Jeder hat sich ein Land ausgesucht und seine Ideen beigesteuert. Eigentlich ist dieses Buch ein Familienprojekt. Ein besonders dickes Dankeschön geht an Niklas, den Retter jeglicher Bastelarbeiten. Ich hätte gerne deinen handwerklichen Verstand – andererseits … Ich habe ja dich. Und an Timon dafür, dass er sämtliche Länderlexika im Haus auswendig kennt und für Fakten-Wissen gesorgt hat. Du hast ein neues Ritual geschaffen: Jede unserer Reisen von zu Hause aus beginnt dank dir auf der Couch mit einem Dokumentarfilm. An Linus und Paul für ihre Begeisterungsfähigkeit. Einen Riesendank auch an meinen Mann, den Star in der Küche, der uns nicht nur für dieses Projekt lecker bekocht hat, sondern uns auch sonst nicht verhungern lässt.

Aber auch eine Menge anderer Menschen haben mir bei diesem Projekt geholfen. Danke vor allem an Petra und Mickey, die mich an ihrem Leben in Äthiopien teilhaben ließen. Außerdem an Babsi, meine weitgereiste Testleserin. An Esther und Paola, die ich mit Fragen über Peru löchern durfte. An Annabel, Al und Sue, meine britischen „Expats". Danke für eure „Insights" und speziellen Dank an Al für die Hilfe bei der Playlist. Danke auch an Rüdiger, der „Nessie" für mich gejagt hat. An Alex für ihre Buchtipps. An Judith, die meine „kinder"-leichte Variante der Lamingtons probiert und mir ihren Segen als Australierin gegeben hat, und für den informativen Spaziergang um den Dilsberg. An Christine für die gründliche Lektüre und ihre Anregungen als Wanderin zwischen Deutschland und Australien. An Dimi für all seine Anregungen zu Mexiko und außerdem für die Party mit Mariachi-Band.

Und zu guter Letzt noch ein großes Dankeschön an die Frauen aus dem Aue-Buchclub, die immer ein offenes Ohr für meine Buch- und sonstigen Ideen haben, sie für gut befinden, manchmal auch verwerfen, eigene Ideen beisteuern und meine Schaffenskrisen aushalten. Liebe Anja, Birgit, Cillie, Ilka, Marion, Michi, Silke und Viviane, ohne euch wäre meine Welt um einiges ärmer – und weniger lustig.

Silvia Schröer